Ludwig Rubiner

Die Gewaltlosen

Drama in vier Akten

Ludwig Rubiner

Die Gewaltlosen

Drama in vier Akten

ISBN/EAN: 9783956979743

Auflage: 1

Erscheinungsjahr: 2016

Erscheinungsort: Treuchtlingen, Deutschland

DIE GEWALTLOSEN

DRAMA IN VIER AKTEN

VON

LUDWIG RUBINER

1.—10. Tausend

Gustav Kiepenheuer Verlag Potsdam

1 9 1 9

Dem Kameraden, meiner Frau Frida

PERSONEN

DER MANN
DIE FRAU
KLOTZ
DER GOUVERNEUR
ANNA
NAUKE

DER ERSTE GEFÄNGNISWÄCHTER
DER ZWEITE GEFÄNGNISWÄCHTER
DER OFFIZIER
DER ERSTE GEFANGENE
DER ZWEITE GEFANGENE
DER KRANKE AUF DEM SCHIFF
DER KAPITÄN
DER FÜHRER DER BÜRGER
DREI BÜRGER
DER BUCKLIGE
DER KRÜPPEL
DER JUNGE MENSCH
DREI REVOLUTIONÄRINNEN DER STADT
DER JUNGE VON DER STRASSE
DER HERR IM ZYLINDER
DIE FRAU AUS DEM VOLK
EIN SOLDAT
VOLK. SOLDATEN. MATROSEN
DIE SCHIFFSGEFANGENEN

Die Niederschrift dieser Legende wurde im Januar 1 9 1 7 begonnen, im Herbst 1 9 1 8 beendet. Inmitten der härtesten Verzweiflungsjahre, während die Siege des Weltkapitalismus sich über den Völkern hin und her wälzten. — Zürich. — Die Personen des Dramas sind die Vertreter von Ideen. Ein Ideenwerk hilft der Zeit, zu ihrem Ziel zu gelangen, indem es über die Zeit hinweg das letzte Ziel selbst als Wirklichkeit aufstellt

ERSTER AKT

ERSTE SZENE

Strassenecke

Der Mann / Ein Junge aus der Menge / Eine
Frau aus der Menge / Ein alter Mann / Ein
Herr mit Zylinder / Volksmenge

DER MANN *(an einer Ecke, schreit):* Hier ist es.
Hier! Alles findet ihr hier   MENGE *(sammelt sich).*
EINE FRAU *(aus der Menge):* Haben Sie hier Milch?
EIN ALTER MANN *(läuft atemlos herzu):* Sie sagen
drüben, hier gibt es Fleisch!   EIN HERR *(mit Zy-
linder auf dem Kopfe):* Ist es wahr, dass man Koh-
len kriegt? DER MANN: Umsonst! Ganz umsonst!
Alles wird verschenkt! Das Leben verschenkt!
MENGE: Wo?   DER MANN: Du kannst haben,
soviel du willst. Jeder, der will, bekommt seinen
Teil!   MENGE: Ich war zuerst da. Ich!   DER
MANN: Niemand braucht länger zu warten. Auf-
gepasst. Jeder bekommt gleich alles. Das Leben!
EIN JUNGE *(aus der Menge):* Der redet so auslän-
disch. Das ist gewiss ein Spion.   EIN ALTER
MANN: Wo ist die Polizei? Ich stehe schon eine
ganze Nacht. Man weiss heute nicht, mit wem man
zu tun hat.   DER MANN *(zum Jungen):* Du kriegst
Zigaretten. *(Zum alten Mann):* Ihr kriegt alle Brot!
DIE FRAU AUS DER MENGE: Ich kann nicht län-
ger. Ich falle um.   DER MANN: Ihr braucht nicht

7

mehr zu leiden! *(Zu der Frau):* Halten Sie noch einen Augenblick aus, es wird alles gut.   DER ALTE MANN: Vor dem Sterben noch was essen! DER MANN: Sie brauchen nicht zu sterben. Seht mich an, ich sterbe auch nicht. Niemand braucht zu sterben. Ihr könnt alles Leben haben, das ihr wollt! Ihr wollt, ihr wollt, ihr wollt!   MENGE: Ja!   DER MANN: Ihr wollt frei sein. Ihr werdet nicht sterben.   DER JUNGE: Die Polizei kommt! AUS DER MENGE: Maschinengewehre. Militär! Die Truppen.   DER MANN: Die Soldaten sind eure Brüder, sie dürfen nicht schiessen.   MENGE *(Tumult):* Sie schiessen! *(Dunkel.)*   DER MANN *(schon aus dem Dunkel):* Soldaten, Brüder! Ihr dürft nicht schiessen!

ZWEITE SZENE

Zimmer

Der Mann / Die Frau

DER MANN: Jetzt haben sie den Eingang zum Nebenhaus.   DIE FRAU: Es geht gegen Morgen, ist das nicht Brandgeruch?   DER MANN: Sie legen Feuer, damit wir herauskommen.   DIE FRAU: Ich rede mit dem Offizier.   DER MANN: Nein. Sie sollen mich nicht lebendig haben.   DIE FRAU: Was hilfts dir, wenn du tot bist? — So ist noch eine Möglichkeit.   DER MANN: Sie sind schon auf dem Dach. Wir haben keine Waffen.   DIE FRAU: Ich winke mit dem Tuch aus dem Fenster, dann holen sie uns. Ich will nicht ersticken, wie die drüben. DER MANN: Wir können nicht mehr heraus. DIE FRAU: Wenn ich sie hereinlasse, kommen wir vielleicht noch davon. DER MANN: Nein. Sie schiessen auf uns. Lieber wehren, bis zum letzten Moment. DIE FRAU: Womit willst du dich wehren? DER MANN: Wir haben keine Waffen. Ich kann mit dem Stuhl den ersten, der zur Tür kommt, niederschlagen. DIE FRAU: Das ist nur einer; sie schiessen die Wände ein und kommen durchs Fenster. Dem ersten, der kommt, springe ich an den Hals und beisse ihm die Gurgel durch. Dann weiss man, wofür man stirbt. DER MANN: Nein — das rettet uns nicht. Sie morden — wir nicht! DIE FRAU: Aber wie davonkommen — ohne Gewalt? DER MANN: Mord und Gewalt ist nicht dasselbe! DIE FRAU: Verwirr mich nicht. Ich sehe nur dies: Unser heutiges Leben — Gewalt. Unser Ziel — Gewaltlosigkeit!

DER MANN: Luise, ich höre sie kommen. Es ist unser letzter Augenblick· DIE FRAU: Es ist heiss im Zimmer. Der Brand von nebenan schlägt herüber. DER MANN: Ich werde mich ergeben, dann wird dir nichts geschehen. DIE FRAU: Nein, so nicht. Ich habe mit dir gekämpft. Ich lasse dich nicht im Stich. DER MANN: Es wird hell draussen. Ich nehme alles auf mich. Bleib hier. Ich gehe ihnen entgegen. DIE FRAU: Bleibe. Ich lasse dich nicht. Wir sterben zusammen! DER MANN: Nein, nicht sterben. Ich will nicht sterben. Wir haben noch nichts getan. Es ist noch nichts getan. DIE FRAU: Zu spät. DER MANN: Zu spät oder nicht. Wie still es ist. Man hört nur

9

die Schüsse, wie in einer Fabrik. Die Strasse ist ganz still.

DIR FRAU: Du bist jetzt so ruhig. Fast könnte ich Mut haben. DER MANN: Wir haben nichts zu verlieren. Glaube nur diesmal noch. DIE FRAU: Wir sollten uns nicht rühren, wenn sie kommen. DER MANN: Dann machen sie uns nieder. DIE FRAU: Sie sollen uns niedermachen. Sie sollen uns binden, sie sollen uns erschlagen. DER MANN: Sie werden uns foltern, wie sie die Kameraden gefoltert haben. Sie werden uns Geständnisse erpressen, und dann erschiessen sie uns. DIE FRAU: Sie erpressen uns nichts. Wir wehren uns nicht, und wir schweigen. DER MANN: Ich rühre mich nicht. Unser Wille ist mehr als ihre Gewalt! — Es geht zu Ende. Luise, küsse mich. DIE FRAU: Nein, nicht küssen. — Denke ganz an mich. DER MANN: Jetzt ist alles gleich. Du bist mein Freund, meine Schwester, mein Wesen, meine Frau. Es ist gleich, ob sie uns martern. Das ist gekommen, wann ich es nicht mehr erwartet habe. DIE FRAU: Ich umschlinge dich ganz fest. Ich denke nur von dir. — Sei ganz bei mir. Nun können sie morden. DER MANN: Ich will nur noch bei dir sein. Ich höre nur dich. Ich bin so stark bei dir. DIE FRAU: Alle Menschen stossen mich zu dir. Ich höre nur deine Stimme noch. Wir sind ganz allein. DER MANN: Wir sind ganz allein. Alle sind tot. Ich weiss nur noch von dir. Ich habe nur noch dich. Vielleicht entkommen wir über die Leiter an der Wand. DIE FRAU Sie sehen uns. DER MANN: Sie werden uns nicht sehen. Ich will. DIE FRAU: Ich will, dass sie uns nicht sehen. Ich will so stark, dass ich lautlos und wie eine Tote unsichtbar bin. DER MANN: Ich will, dass wir leben. Wir dürfen noch nicht hin sein. DIE FRAU: Ich will, dass du lebst. Wir haben noch alles zu tun. DER MANN: Komm, leise. Hinab. Ich will, dass wir ein Schatten der Mauer sind. Verschwinden. DIE FRAU: Verschwinden unter den Steinen, unter den Menschen für das Leben. Ich glaube an dich. DER MANN: Fliege mit mir, komm. Ich will. Halte dich an mir. Wir schweben. DIE FRAU: Hinunter. Hilf mir. Ich will. DER MANN: Glaube, dass du träumst. Fliege im Schlaf; du rührst nur leise die Füsse. Niemand sieht dich. DIE FRAU: Ich schwebe mit dir. *(Im Dunkel nur die beleuchteten Köpfe von Mann und Frau.)* DER MANN: Jetzt. Wir fliegen. DIE FRAU: Es wird so dunkel. Hinab. Wer zieht mich hinauf? DER MANN: Rund um mich ist dunkel. DIE FRAU: Meine Füsse sind nicht auf Festem. Der Boden sinkt. DER MANN: Unten ist hell. DIE FRAU: Wir sind in einem Gang. DER MANN: Schreite, schreite. Es brennt wie Feuer. Komm hindurch! DIE FRAU: Mit dir. Wo sind wir? Ich strecke den Arm, ich fühle keine Wände. Ein runder Gang ist um uns. DER MANN: Hinab. Es reisst uns hinab. Rasende Schnelligkeit. Woran halt ich mich fest? DIE FRAU: Halte mich fest. Ich sinke. DER MANN: Wer ist da? Ich ersticke. Ist ein Mensch da? Wer steht da im Dunkel? DIE FRAU: Hindurch! O eile. DER MANN: Die letzte Kraft. Wir sind in einer finsteren Höhle. Ich sterbe für dich. DIE FRAU: Lebe und töte mich. Ich bin nicht mehr. DER MANN: Luft. Atme! Ich sehe Sterne. Es ist fest unter meinen Füssen. Luise, frei! DIE FRAU: Dass ich noch lebe! Fort, fort. Es ist mein Leib. DER MANN: Wir leben. Kein Mensch wird mehr sterben. Wir helfen allen. Wir sind stark.

DRITTE SZENE

Strasse vor dem Zimmer

Vorige / Später Soldaten

Der Mann und die Frau machen den letzten Schritt aus dem Dunkel auf die helle Strasse. Vor ihnen Trümmer einer Barrikade.

DIE FRAU: Wir sind auf der Strasse. Komm. Nun hab' ich Kraft für die Ewigkeit.

Vor dem Zimmer ein Schuss. Die Türe wird aufgebrochen. Soldaten dringen ins halbdunkle Zimmer mit Laternen.

VIERTE SZENE

DER MANN UND DIE FRAU *(auf der Strasse):* Ich lebe! *(Sie winden sich durch die Trümmer der Barrikade, sehen sich schwankend in der Strasse um):* Komm schnell. Leben! DIE FRAU: Komm, eh das Wunder zerbricht! DER MANN: Leben! Für die Menschen! Nun hab ich Kraft auf ewig.

FÜNFTE SZENE

Der Mann und die Frau (*eilen ab*) *Noch ehe sie die Bühne verlassen, treten* **Soldaten** *auf*

SOLDATEN: Halt, wer da? DER MANN *(zur Frau):* Du schnell fort. Zum Schiff. Ich werde frei! *(Zu den Soldaten):* Was wollt ihr? *(Die Frau eilt nach der anderen Seite ab.)* SOLDATEN: Entwischt! Das Weib ist uns im Dunkel entwischt! Dafür haben wir den Kerl. *(Sie packen den Mann und schleppen ihn fort.)*

SECHSTE SZENE

Der Offizier / Später ein Soldat

DER OFFIZIER *(im Zimmer):* Wer hat sie entwischen lassen?

SIEBENTE SZENE

EIN SOLDAT *(stürzt auf):* Wir haben ihn. Er wird gefesselt abtransportiert.

Dunkel

ACHTE SZENE

In der Festung.   Raum des Gouverneurs

Der Gouverneur / Klotz

DER GOUVERNEUR: Sie geben also alles zu. KLOTZ: Ja. DER GOUVERNEUR: Wollen Sie jetzt das Protokoll unterschreiben? KLOTZ: Ja.

13

DER GOUVERNEUR: Sie werden nicht gedrängt. Sie können es sich überlegen. KLOTZ: Ich habe es schon überlegt. DER GOUVERNEUR: Es ist gut, dass Sie sich so vernünftig benehmen. Wir brauchen keine scharfen Mittel gegen Sie anzuwenden. KLOTZ: Die würden nichts nützen, Herr Gouverneur. DER GOUVERNEUR: Seien Sie nicht hochmütig. Ich kenne diesen Ton bei den Untersuchungsgefangenen, er hört bald genug auf, wenn es Ernst wird. Sie sind nicht der erste, mit dem ich zu tun habe. KLOTZ: Ich weiss. Aber ich bin nicht stolz.

DER GOUVERNEUR: Sehen Sie doch ein, dass Ihre Handlungsweise unrecht war. Sie war aber auch unsinnig. Ein Mann von Ihrer Intelligenz hat nicht das Recht, unverständige Kreaturen aufzureizen. Das werden Sie ja büssen. Aber ich meine, Sie mit ihren Fähigkeiten könnten der Gesellschaft wirkliche Dienste leisten. Ich sage nicht, kommen Sie zu uns. Aber ich sage: lassen Sie Ihre bisherige Tätigkeit. KLOTZ: Nein, Herr Gouverneur. DER GOUVERNEUR: Glauben Sie doch nicht, bei mir mit diesem Trotz Achtung zu erregen. Das hat gar keinen Sinn. KLOTZ: Nein, es hätte keinen Sinn. Es ist aber nicht um zu imponieren, und es ist auch kein Trotz. DER GOUVERNEUR: So, was ist es denn? KLOTZ: Es ist mein Glaube. DER GOUVERNEUR: Ihr Glaube? Aber sehen Sie denn nicht, dass er Sie irregeführt hat? KLOTZ: Nein. DER GOUVERNEUR: Ja, so sind alle Fanatiker. Sie haben einen Glauben, aber der andere hat keinen oder einen

14

falschen! KLOTZ: Ich weiss. Auch Sie, Herr Gouverneur, sind ein Mensch. DER GOUVERNEUR: Lassen wir diesen Ton. — Ernstlich. Sehen Sie mich an. So, wie ich vor Ihnen stehe — warum meinen Sie denn, stehe ich hier, wenn nicht auch ich meinen Glauben hätte? KLOTZ: Nein, das ist nicht der Glaube. Das ist die Macht. DER GOUVERNEUR: Die Macht, sagen Sie. Ja, ich habe die Macht. Und der beste Beweis gegen Sie ist, dass Sie sie nicht haben. KLOTZ: Nein. DER GOUVERNEUR: Ah, und warum haben Sie sie nicht? Fehlte nur noch, dass Sie mir sagen, weil Sie sie nicht wollen. KLOTZ: Ja, weil ich sie nicht will. DER GOUVERNEUR: Nun schön. Ich lasse Sie jetzt abführen. Ich sehe, ich habe mich zu weit mit Ihnen eingelassen. Es ist immer wieder dasselbe: Sie und Ihre Genossen glauben bei der geringsten menschlichen Regung von unsereinem das Recht zum Missbrauch zu haben. Es soll nicht mehr vorkommen. KLOTZ: Macht, was ist das? Ihre Zentralheizung, Ihr Telephon, Ihre elektrische Klingel, Ihre Beamten. DER GOUVERNEUR: Meine Beamten. KLOTZ: Ihre Beamten — wie lange? Solange Sie auf Ihrem Posten sind. Solange Sie leben. Solange Ihre Beamten leben. Übrigens, sind Sie Ihrer Beamten sicher? DER GOUVERNEUR: Solange ich lebe, und solange die anderen leben. Solange überhaupt Menschen leben. KLOTZ: Ah, und wieso stände ich denn hier vor Ihnen? Wie kommt es, dass Sie und Ihre Organisation vergeblich versuchen, meinen Mund zu schliessen? Seit Jahrhunderten versuchen Sie das vergeblich.

DER GOUVERNEUR: Vielleicht muss auch das sein. Sie sind nur das dunkle Feld — ich sage nicht einmal: die Gegenseite! — auf dem unser Bau reiner und höher dasteht. Vielleicht sind Sie sogar nötig, um unsere Macht leuchtender und bewusster zu machen. Aber das hindert nicht, dass wir Sie und Ihre Kameraden aus der Welt schaffen. Und wissen Sie, wer uns dabei am meisten zu Hilfe kommt? Sie selbst. Was wollen Sie? Sie wollen selbst die Macht. In allen Ländern ist es das gleiche: Ihre Freunde schreien so lange, bis sie sich emporgeschrien haben. Schliesslich ist alles nur eine Personenfrage. Zufall, dass nicht Sie hier an meiner Stelle stehen, sondern ich. KLOTZ: Wäre das so, wie Sie sagen, dann hätten Sie nicht das Recht, an dieser Stelle zu stehen. Sind Sie denn dafür, dass in der Welt ein Mensch, besinnungslos vielleicht, einen anderen Menschen beschimpft, oder quält, oder krank macht, oder zuletzt mordet? Nein, dafür sind Sie nicht. Sie sind auf Ihrem Posten, weil Sie glauben, dass dadurch mehr Gerechtigkeit herrscht. Sie vertreten die Gewalt, in Wahrheit, weil Sie glauben, dass Sie dadurch der Güte dienen. Aber Sie haben immer in einer einzigen fürchterlichen Angst gezittert: Man könne Ihnen wegnehmen, was Sie besassen. Toll vor Angst haben Sie sich in den Jahren Ihren Posten erarbeitet, mit Fleiss, mit Klugheit, mit Protektion, mit Energie. Sie haben heute die Verfügung über Gefängnisse und Maschinengewehre. Und Sie stehen inmitten Ihrer Macht und zittern vor jeder Sekunde Ihrer Zukunft. Aber schon für eine schwache Stimme, wie die meine, für einen

Mann, den Sie und Ihre Auftraggeber mit einer kleinen Verfügung beseitigen können, müssen Sie Ihre ganze Geistesgegenwart und Ihre Nervenkraft zusammennehmen. Für uns Schwache müssen Sie dieses grosse Haus hier mit dicken Mauern bauen, Schildwachen davorstellen. Unablässig müssen Sie eine Armee von Spitzeln in Tätigkeit setzen, Sie müssen die Marterschreie anderer Menschen erdulden. Ihr Leben vergeht in einem angestrengten Unsinn. Ihre ganze Macht ist dazu da, dass Sie Ihrer Angst vor sich selbst ewig neu preisgegeben sind.

DER GOUVERNEUR: Ich höre Ihnen geduldig zu und lasse Sie für Ihre Reden nicht bestrafen. Sie sehen, ich gebrauche meine Macht sehr milde.

KLOTZ: Sagte ich denn, dass Sie, Sie, die Macht haben? Sie selbst sind doch ein Werkzeug der Macht, eine Sklave der andern sind Sie, wie die Wächter draussen Ihre Sklaven sind. Wissen Sie denn noch, was der Mensch ist, was Leben ist, was Freiheit ist? Sie lassen die Menschen peinigen, foltern, morden. Und Sie haben nur die Angst, daran zu denken, dass die Schmerzen, das geronnene Blut und das erstickte Leben der Gepeinigten und Hingeschlachteten Sie einmal anklagen wird bei der Menschheit, anklagen vor dem Ende der Welt, bei allem anklagen, was in uns noch Menschlichkeit war — und dass der Schrei der Gefolterten Finsternis in Ihre Seele bringt und Ihnen das Herz aus dem Leibe reissen wird. DER GOUVERNEUR: Warum sagen Sie mir das? Erwarten Sie vielleicht davon Ihre Freiheit? KLOTZ: Nicht von Ihnen. Wollen Sie es wissen: Ich bin frei. Hier im Gefängnis. Sie nicht. Sie haben alles zu verlieren, ich nichts. Ich bin es, der zu schenken hat! DER GOUVERNEUR: Sie schenken? KLOTZ: Das Geschenk des Menschen: die Freiheit. DER GOUVERNEUR: Ja, mit Worten! KLOTZ: Wenn Sie wollen, mit der Tat! — Wollen Sie! DER GOUVERNEUR. Was? KLOTZ: Das Letzte. DER GOUVERNEUR: Und? KLOTZ: Kommen Sie mit mir!

DER GOUVERNEUR: Sehen Sie sich um: Das alles bin ich, dieses ganze Haus bin ich. Diese Lampe hier brennt durch mich. Der Schritt des Wächters, den sie draussen hören, geschieht durch mich. Wäre ich nicht da, so griffe alles ins Leere. Diese Mauern wanken. Das bröckelt in einem Nu zusammen, und an seinem Platz ist ein Schutthaufen, auf dem Kinder und Hunde spielen. KLOTZ: Sie sagen es: Kein Gefängnis mehr, sondern ein Schutthaufen, auf dem Kinder und Hunde spielen. Durch Sie. Wunderbarer Tag! DER GOUVERNEUR: Aber ich darf nicht. KLOTZ: Dann lassen Sie mich hier und gehen Sie allein.

DER GOUVERNEUR: Hier meine Hände, so leer wie sie, ist mein Leben. Ich brauche ja nichts. Ich bin allein. Ein Einzelner. Der Andere nach mir lässt alles wie es war, und mein Sprung war nur für mich. KLOTZ: Ah, ein Mensch nur, der den Sprung tut, ein einziger nur, der sich ganz besinnt, dass er Mensch ist: Und Sie haben alle Macht der Welt vernichtet. Unüberwindlich wären Sie, ein Keim, der durch die Luft fliegt, unsichtbar, allgegenwärtig durch alle Wände, und danach zerfiele alle Gewalt der Erde wie eine schimmelige Bude in der Feuchtigkeit. Sie sind der Mensch. Sie sind: Wir alle. Und nur, der es wagen würde, ahnungslos an Ihre Stelle zu treten und die Räder der Macht weiter kreischen zu lassen, der wäre ein Einzelner. Grauenhaft allein wäre der unter den neuen Menschen, morsch, zum sicheren Sturz ins tödliche Vergessen verurteilt, wie ein angefaulter Telegraphenmast vom Wind gefällt wird. Die Macht liegt hinter Ihnen. Sie sind frei. Sie wissen, dass Sie frei sind. Kommen Sie! DER GOUVER- NEUR: Meine Macht? Dieses Schlüsselbund hier auf dem Tisch ist meine Macht. Da ist der Schlüssel zu meiner Wohnung. Hier zu meinem Schreib- tisch. Der da zu diesem Zimmer. Und das ist der Schlüssel zu den Verfügungen. Hier sind sie. Neh- men Sie sie. Ich gebe sie Ihnen. Mit diesem kleinen Stückchen von geschmiedetem Eisen befehlen Sie der Welt. KLOTZ: Nehmen Sie die Schlüssel zurück. Ich will sie nicht. Ich brauche sie nicht. Ich befehle nicht.

DER GOUVERNEUR: Sie stehen vor mir so weit, dass ich nicht einmal die Arme nach Ihnen strek- ken kann. Dieser Boden ist ein spitzes Gebirge. Kann ich mich noch retten? KLOTZ: Sie sind gerettet, Sie sind hinter dem Tod. Nun gehen Sie. DER GOUVERNEUR: Ich bin frei. Ich weiss es. Aber wohin gehe ich? KLOTZ: Zu den Menschen. DER GOUVERNEUR: Wer ist das? Ich bin ein Mensch, Sie sind ein Mensch. Ist es nicht Übermut zu gehen? Ich bin geboren und geschaffen in diese Welt hinein, in der ich gelebt habe. Wenn ich mit dir gehe, ist das nicht Lüge? Ich befehle Armeen und gewinne Schlachten. Die Sonne geht morgen auf, ich werde Armeen von Menschen befehlen, und Menschen werden von mir sich befehlen lassen! Ändert sich etwas? Die Macht bleibt. Ich weiss zuviel von Menschen. Ich bin allein. Ich bin kein Bruder.

KLOTZ: Nein. Du bist nicht mehr allein. Niemand ist allein. Jeder von uns ist eine riesige, glühende, rote Sonne im Weltraum, sie scheint mild und klein hindurch in ein Krankenzimmer, und da erst weiss man von ihr. Ah, ich fühle es: Die Gewalt ist tot in dir; aber du zitterst noch vor deiner Erkenntnis? O strecke nur zum erstenmal die Hand aus, nicht um zu befehlen, sondern um zu helfen. Wende nur zum erstenmal den Kopf, nicht um zu richten, sondern um zu führen. Du bist geboren von Millionen Geschlechtern hervor aus dem Licht, um ein wehender Mensch zu sein, ganz unter den Menschen. Alles, was mit dir kam, und in dir alles, was Erkenntnis weiss, schwingt sich durch das Blut deiner Adern in deinen Handgriff, mit dem du hilfst. Du warst einsam; aber dein Wissen, das dich trennte, springt unter den Menschen um in Tat. Wir alle werden unter den Menschenbrüdern sein, keiner mehr gross, keiner mehr klein. DER GOUVERNEUR: Wohin? Wohin? KLOTZ: In unser Reich. Wir bauen mit Dir die neue Erde. Bruder! Wir warten auf dich. DER GOUVERNEUR: Ihr wartet auf mich? KLOTZ: Ja. In Freiheit, in Liebe, in Gemeinschaft. Die ganze Menschheit zu befreien! Wirf deine Knechtschaft von Dir, sei frei — frei! Mensch, der du in Wahrheit bist! Stosse die Angst von dir! Hilf der Menschheit. Du unser Bruder! DER GOUVER-NEUR: Mensch sein. — Bruder. — Ich gehe mit dir!

Dunkel

NEUNTE SZENE

Gefängnis. Eine Bank, auf der zwei Wächter der Gefangenen sitzen

Erster Wächter / Zweiter Wächter / Später der Mann

ERSTER WÄCHTER: In den Zellen geht etwas vor. Da ist nicht alles in Ordnung. ZWEITER WÄCHTER: Es ist alles ruhig. Ich habe eben noch einmal inspiziert und durch die Türen gesehen. Was sollte auch geschehen? Wir haben das neue Alarmsystem. Es kann gar nichts vorkommen. ERSTER WÄCHTER: Es geht etwas vor seit die neuen Gefangenen da sind. Wenn man zwanzig Jahre Dienst in der Festung tut, fühlt man es am Rücken, ob etwas nicht in Ordnung ist. ZWEI-TER WÄCHTER: An deinem Rücken spürst du das? Die Kerle sollen es an ihrem Rücken spüren, wenn sie sich unterstehen! ERSTER WÄCHTER: So etwas sagt man hier nicht. ZWEITER WÄCHTER: Wusste nicht, dass ich in einem Jungfernstift bin. ERSTER WÄCHTER: Grün-ling! Bei uns heisst es: Kein Wort mit dem Mund, aber alles mit dem Gummiknüppel. ZWEITER WÄCHTER: Habt ihr noch mehr von solchen

Bibelsprüchen? ERSTER WÄCHTER: Wir schlagen nie. Der Gefangene hat sich immer gestossen. ZWEITER WÄCHTER: Kenn ich vom Irrenhaus her: Der Patient kommt in Gummi, der kann kein Glied mehr rühren, auch wenn die Ohrfeigen von selbst kommen; nur noch schreien, und das hört keiner. Wenigstens uns hat das Schreien noch nie beim Essen gestört. ERSTER WÄCHTER: Wir sind hier nicht im Irrenhaus, junger Mann. Das hier ist eine anständige Festung. Da schreit keiner, denen ist das Schreien schon längst vergangen. Wenn da so eine feine, blanke Haut von draussen kommt, wo wir sehen, der hält nicht still; so einer wird gleich in eine Ecke gesteckt, wo ihm monatelang im Dunkel das Wasser von den Mauern über die Knochen rieselt. ZWEITER WÄCHTER: Und wenn er euch krank wird? ERSTER WÄCHTER: Soll er ja auch, du Anfänger! Ich geh gewiss nicht im Pflegerkittel zu ihm. So einen haben wir bald mürbe.

ZWEITER WÄCHTER: Du sagst aber selbst, dass in den Zellen etwas vorgeht! ERSTER WÄCHTER: Das ist was andres. Das spür ich. Vor zwanzig Jahren, als ich den Dienst antrat, hab ich es schon mal so gespürt. Damals haben wir ein halbes Dutzend mit unseren eigenen Händen still machen müssen. Die andern wurden an der Mauer von den Posten abgeknallt. Der letzte bekam's so, dass er bald am Schädelbruch starb. Seitdem heisst es, man soll nicht mehr schlagen. ZWEITER WÄCHTER: Weiss schon. Heute haben wir gebildetere Zeiten. ERSTER WÄCHTER: Du meinst, weil der Sträfling photographiert wird? Ich spür's doch im Rücken, dass etwas vorgeht, ich spür's viel stärker als damals; zwanzig Jahre lang war hier ein so stilles Leben, und heute ist mir auf einmal, als ob die Steine aus den Wänden fliegen und die eisernen Türen von Pappe sind. Ich bin gar nicht sicher.

ZWEITER WÄCHTER: Mach doch eine Meldung.

ERSTER WÄCHTER: Ich kann's nicht beweisen. Dann heisst es nur, ich bin zu alt zum Dienst geworden. ZWEITER WÄCHTER: Wie lang muss ich Dienst machen, um dein Gehalt zu kriegen? ERSTER WÄCHTER: Für dich, mein Jüngelchen, aus dem Amt fliegen? Und was soll meine Frau und meine Tochter machen? ZWEITER WÄCHTER: Wie alt ist deine Tochter? ERSTER WÄCHTER: Und dann ist noch das Kind da; das Dreinschlagen nützt nichts, die Weiber wollen ihr Leben haben. ZWEITER WÄCHTER: Wenn aber deine Tochter heiratet, dann bist du doch versorgt. ERSTER WÄCHTER: Der Kerl, von dem das Kind ist, der ist längst über alle Berge. Heiraten? Auf dem Halse habe ich sie, und ich habe doch in meinem Alter so sehr meine Ruhe verdient. ZWEITER WÄCHTER: Ich muss gleich wieder Runde machen. Wenn du meinst, dass in den Zellen nicht alles in Ordnung ist, will ich den Revolver mitnehmen. — Kannst du nicht einen jungen Mann für deine Tochter brauchen? ERSTER WÄCHTER: Das heute ist kein Revolvertag, ich weiss das. Du willst meine Tochter heiraten?

ZEHNTE SZENE

Während die Wächter weiter sprechen, erscheint hinter der Gittertür der Zelle der Mann.

Der Mann hinter den Gittern in Ketten

ZWEITER WÄCHTER: Wieviel Gehalt kriegst du? ERSTER WÄCHTER: Wenn du Anna heiratest, das ist was anderes; da kommst du einmal an meine Stelle. ZWEITER WÄCHTER: Und das Kind von deiner Tochter? ERSTER WÄCHTER: Ich lege ein Wort für dich beim Gouverneur ein. ZWEITER WÄCHTER: So alt das Kind ist, soviel Dienstjahre krieg ich von deinen. ERSTER WÄCHTER: Ich muss jetzt in den Keller, wo der Sträfling an die Mauer gekettet steht, seine achtundvierzig Stunden sind abgelaufen. ZWEITER WÄCHTER: Der wird nicht über heisse Füsse klagen. Du gehst morgen zum Gouverneur? ERSTER WÄCHTER: Wenn du ernstlich einheiraten willst, gehe ich zum Gouverneur.

DER MANN: Gouverneur! Wo ist der Gouverneur? Ich will nicht länger. ERSTER WÄCHTER *(zum zweiten)*: Hol mir die Schlüssel, ich muss die Ketten aufschliessen. ZWEITER WÄCHTER: Wieviel hast du in Ketten? ERSTER WÄCHTER: In jeder Kellerzelle einen.

DER MANN: Die Ketten ertrag ich nicht länger. Ihr sollt mich haben. Ich bin ein einfacher Mensch. Die Augen, die durch die Gittertüre grinsen. In der Nacht krachen die Ketten an mir wie Stücke Eis. Ich will alles sagen, was ihr haben wollt. Ich bin fertig. Ich mache nicht mehr mit. Wenn ihr mich leben lasst, werde ich Schreiber. Ich werde Hausierer. Ich werde Knecht. Ihr könnt mich schlagen. Fragt mich. Presst mich doch aus. Ihr könnt alles wissen. Ich will frei sein. ZWEITER WÄCHTER: Wie frei der Kerl hier schreien darf! Müsste ihm das Maul stopfen. ERSTER WÄCHTER: Das ist noch nichts. Am Anfang beginnt's immer so mit Kleinigkeiten. Aber wenn er erst gegen uns tobt, dann ist's Zeit, ihn zum Schweigen zu bringen, dass er jahrelang noch Schmerzen spürt, wenn er nur von einer Wächterjacke träumt! DER MANN: Ihr verfluchten Hunde, lasst mich frei. Ihr Marterschweine, die Ketten herunter! Ihr Lumpendreck, der stinkende Teufel hat euch ausgeschissen, ihr tierisches Spitzelpack, ihr seid nie Menschen gewesen, als Nägel, als Peitschen, als Ketten seid ihr geboren, darum quält ihr Menschen! Ich spucke euch an, foltert mich; schliesst mir den Mund, ich kotze euch doch an. Stecht mir die Augen aus, und wenn ihr sie schon tot an die Erde geschmissen habt, werden sie sich noch unter eurem Fuss vor euch ekeln! ERSTER WÄCHTER: Er beginnt. Jetzt ist's Zeit. Hol die Schlüssel. Nimm die Gummiknüppel mit. Auch den Knebel, es brennt mehr wenn er nicht schreien kann. Bring auch meine Tochter mit dem Kinde mit, es macht der Kleinen immer Spass, wenn wir einen Anfänger vornehmen. Es soll ja eigentlich nach der Vorschrift nicht sein, aber bei der Art Gefangenen erfahren die Herren doch nie, was wir tun! Mach schnell, die Sachen sind in meinem Zimmer, sag's meiner Tochter. ZWEITER WÄCHTER: Der

sieht bald, wie ihm ohne Ketten zumute wird.
Wusste nicht, dass ein Spass für das Mädel dabei
ist. ERSTER WÄCHTER: Eil dich!

Zweiter Wächter ab

ELFTE SZENE
Vorige ohne den zweiten Wächter

DER MANN: Aus. Nun ist keine Hoffnung mehr.
Ich war schwach, habe sie beschimpft. Die Gitter-
stäbe sind ganz schwarz und fest da; erst waren
sie fast durchsichtig, dass ich glaubte, ich könnte
nur durch sie hindurchgehen, wenn die Ketten
hart wären. Es ist so trübe, früher zischte ein
blaues Licht hinter mir. Als ich schwach wurde,
flammten ihre Jacken auf wie gelber Dampf. Das
Leben ist vorbei. Meine Knochen werden in der
Dunkelheit zerkracht werden, mein Fleisch wird
mir heruntergefetzt, ich werde hier wie ein blin-
der Wurm mich zu Tode zucken. ERSTER
WÄCHTER: Es ist zu spät, zu bereuen. DER
MANN: Bereuen? Welches Wort. Ich bereue nicht,
denn ich war es nicht, es war die Dunkelheit, ich
hatte alles an mir vergessen. ERSTER WÄCH-
TER: Seit ich in der Festung bin, höre ich von
jedem Sräfling dieselben Worte. Der Mensch ändert sich nicht. DER MANN: Der Mensch! Wo
war ich? Der Mensch. Ich vergass. Der Mensch
ändert sich nicht. Ich war es nicht, der gegen euch
schrie. Ich ändere mich nicht, ich bin immer vom
Licht geboren. Dieses Gefängnis hat gegen euch
geschrien, die Stäbe, die zerpressenden Mauern,

26

die Ketten. Ihr werdet das Gefängnis foltern. Ich bin der Mensch und ich lebe für den Menschen. Das Gefängnis ist tot und morsch. Ich habe dir nichts Böses gesagt, Wächter, die Mauern hier haben dich beschimpft. Du bist ein Weiser, du warst gütig; du hast recht: der Mensch ändert sich nicht. Du bist es nicht der mich quält, du hast mich nicht zum Hass gereizt. Du bist ein Mensch. Das war das Gefängnis um dich. Du wirst mich nicht foltern, du verkaufst deine Tochter nicht dem andern, du nicht. Das Gefängnis. Die gelben Flammen eurer Jacken, die Dunkelheit um euch, du nicht, du bist Mensch. ERSTER WÄCHTER: Schweige. Reden wird bestraft. DER MANN: Ich verstehe. Oh, nun kommen wieder helle Lichter um mich. Ja, schweigen in sich, sich sammeln. Nicht dem Munde entlassen, was tot ist und nicht vom Menschen kommt! Welche neue Ruhe um mich. Diese Ketten tönen an mir wie Seidengerausch. Wächter, ich sehe jetzt dein Gesicht, deine Backenknochen, deine Augen. Dein Kleid ist nicht mehr gelb; ich sehe alles; es ist sanft und hell um mich, Wächter! ERSTER WÄCHTER: Ich antworte nicht mehr. DER MANN: Du bist ein Mensch wie ich, nicht niedriger als ich. Du brauchst dich nicht zu rächen. Du hast deinen Willen wie ich; du brauchst nur Antwort zu wollen. Warum gibst du deine Tochter dem anderen Wächter? ERSTER WÄCHTER: Will versorgt sein. ⌐ Aber das geht dich nichts an! DER MANN: Nein, es geht mich nichts an, du hast recht. Es geht deine Tochter an; weisst du, wenn sie will, könnte sie eine feine Dame sein. ERSTER WÄCHTER: Hat schon ihr Kind von der Feinheit. DER MANN: Eine grosse Dame, eine Gräfin, eine Prinzessin, eine Fürstin! ERSTER WÄCHTER: Wir sind arme Leute, nicht einmal wenn Urlaub ist, kriegen wir grosse Damen zu sehen. DER MANN: Aber ihr seid Menschen, man vergisst das mitunter. Du brauchst nur zu wollen. Den festen Willen haben, dann kommt alles. Ich will auch. ERSTER WÄCHTER: Nützt dir nichts. Was kannst du machen? DER MANN: Viel, Nachbar; höre, warum hast du keine Auszeichnung auf der Brust? ERSTER WÄCHTER: Unsereiner hat noch Jahre zu dienen, ehe er die Medaille kriegt. DER MANN: Medaille — nein. Ich könnte dir einen Orden verschaffen, einen schönen Orden, zweiter Klasse für Ehrendienste. ERSTER WÄCHTER: Einen Orden — ohne dass ich auf Krücken ginge? DER MANN: Du brauchst nicht auf Krücken zu gehen. Du sollst deine geraden Glieder haben als richtiger Mensch. Deine Tochter bekommt einen vornehmen Mann. Du brauchst nicht mehr in den feuchten Gängen im Dunkel zu leben. Ihr lebt wie Menschen, im hellen Licht, unter Menschen, in der Freiheit. ERSTER WÄCHTER: In der Freiheit habe ich lange nicht mehr gelebt. DER MANN: Aber ich. Ich kenne sie. Ich lebe für die Freiheit. Kamerad, ich befreie dich! ERSTER WÄCHTER: Freiheit, o das habe ich schon seit Jahren vergessen. Man brauchte nicht Dienstberichte mehr abzufassen. Niemand wär, der mir kommandierte. Leben unter feinen Menschen. Man könnte ganz

von vorn anfangen, als wenn man jung wäre. DER MANN: Du bist jung. Wer von vorn anfängt, ist jung. ERSTER WÄCHTER: Aber du bist ja selbst nicht frei! DER MANN: Ah, ich nicht frei? Schau zu mir herein, was siehst du? Siehst du meine Ketten? Nein, du siehst meine Augen, die umhergehen, wie sie wollen. Du siehst meinen Mund, der zu dir spricht, die Lippen, die Zähne, die Zunge; meinen Kopf siehst du, der jahrelang für dich gedacht hat! Ich sage dir, Kamerad, Bruder, erinnere dich, dass du ein Mensch bist, wie ich. Sei frei! ERSTER WÄCHTER: Und meine Frau, meine Tochter und das kleine Kind? DER MANN: Lass sie. Geh, schnell. Du hast Jahre Zeit gehabt, nun ist die Stunde für dich gekommen, lass sie nicht vorbeigehen. Sie kommt auch für die andern. Kümmere dich zuerst um dich.
ERSTER WÄCHTER: Bruder, was soll ich tun? Ich weiss, das Leben ist nun anders für mich. Ich will keinen Orden. Ich will dir helfen. DER MANN: Hilf mir nicht, hilf dir, Bruder. ERSTER WÄCHTER: Bruder, sag das Wort! Ich bleibe, was ich bin. Ich schaffe dich aus dem Gefängnis. DER MANN: Nein, ich bleibe. Gehe du, schnell, eh die andern kommen! Hinaus, eil dich, für immer aus der Festung, zu den Brüdern. Sie brauchen neue Menschen, hilf ihnen. ERSTER WÄCHTER: Freund, nimm diesen Händedruck von mir, ich bin ein alter Mann. Wo sind sie? DER MANN: In deiner Hand pulst ein Siebzehnjähriger. Draussen wartet das Schiff auf die neuen Menschen. Ich weiss, heute nacht geht es aufs Meer. ERSTER

WÄCHTER: Auf das Schiff! Und du? DER MANN: Ich bleibe. Ich gehe nicht eher, als diese Mauern vor meinem Mund in Freiheit zerwehen. Geh, du musst!
ERSTER WÄCHTER: Das Blut stürzt durch mich, als wäre ich über Äcker und Flüsse gesprungen. Ich will! Zu den Brüdern! aufs Schiff! *(Ab)*
DER MANN: Grosse helle Wölbung Licht strahlt. Lichtschalen schweben um mich her. Eine blaue sanfte Flamme rollt durch mein Blut. Durch die Mauern brennen meine Augen Lichtwurf. Dieses Haus ist weiches Glas.

ZWÖLFTE SZENE
Der Mann / Der zweite Wächter

ZWEITER WÄCHTER *(kommt)*: Hier die Schlüssel, deine Tochter bringt die Buckeljucker. DER MANN: Zu spät. Wir sind allein. ZWEITER WÄCHTER: Maul gehalten endlich, Sträflinge! Wo bist du, Alter? DER MANN: Was nützen deine Folterwerkzeuge. Wir sind allein. ZWEITER WÄCHTER: Still. Der Alte kommt gleich; dann vergeht dir das Geschwätz. DER MANN: Der Alte ist fort, für immer. ZWEITER WÄCHTER: Was heisst das? Du bist fest, in Ketten, du hast ihn nicht erschlagen. Wo ist er? Im Hause geht was vor. Meuterei! DER MANN: Freiheit. Er ist in die Freiheit! ZWEITER WÄCHTER: Zu Hilfe! DER MANN: Niemand hilft dir. Du kannst dir nur selbst helfen. ZWEITER WÄCHTER: Was soll ich tun? Ich steh unter seinem

Befehl? DER MANN: Befiehl dir selbst. Was willst du? ZWEITER WÄCHTER: Ich kann nicht. Ich weiss nicht wohin. Wenn der Gouverneur kommt, werde ich davongejagt. DER MANN: Dann bist du frei. ZWEITER WÄCHTER: Ich kann nicht. Ich sollt seine Tochter kriegen; feste Anstellung, doppelte Dienstjahre. Ich verhungere. Was soll ich denn machen. DER MANN: Halte dich an die Menschen. ZWEITER WÄCHTER: Ich kenne keine. Vielleicht bist du ein Mensch. Vielleicht kannst du helfen. Sträfling, hilf mir! DER MANN: Du musst die Tochter lassen. ZWEITER WÄCHTER: Mir ist sie gleich, die Hure. Sag nur, was ich tun soll! DER MANN: Du bist jung. Du hast Kraft. Draussen vor der Stadt warten die Kameraden im Schiff. Geh zu ihnen. ZWEITER WÄCHTER: Ja, ich gehe. Ich tue alles, was du sagst. Aber wem soll ich da gehorchen? DER MANN: Du sollst keinem Menschen gehorchen, nur dir. ZWEITER WÄCHTER: Ich kann nicht. Ich muss meinen Befehl haben. — Gleich kommt die Tochter, dann weiss ich nichts mehr. Ich schliesse deine Zelle auf, ich nehme deine Ketten ab. Schnell, komm mit mir. Sag, wohin! DER MANN: Nein. ZWEITER WÄCHTER: Ich flehe dich an, komm mit mir. DER MANN: Nein. ZWEITER WÄCHTER: Komm mit mir, du bist frei, du sollst nicht mehr gefangen sein. Hier sind die Schlüssel. Ich halt es nicht mehr aus, das Haus erwürgt mich. Rette mich! DER MANN: Besinne dich, du bist ein Mensch, du bist frei. Hast du eine Mutter? ZWEITER WÄCHTER: Nein, was fragst du? Ich

31

kann nicht mehr! Ich hab sie erschlagen, als ich zu den Soldaten ging, niemand weiss es. Oh, die Schlüssel brennen wie glühend in meiner Hand, weg mit ihnen! Verdammt, warum bin ich je hergeraten! DER MANN: Aufs Schiff, in das neue Leben, die Kameraden helfen dir. ZWEITER WÄCHTER: Es ist aus; die Tochter kommt! DER MANN: Fort mit dir. Vergiss diese Festung. Laufe! Schnell in die Freiheit, unter Menschen, in ein neues Leben. ZWEITER WÄCHTER. Menschen! Hilfe! Menschen! *(Ab)*.

DREIZEHNTE SZENE
Der Mann / Später Anna mit dem Kind.

DER MANN: Und nun, Wunder, sei bei mir. Licht strahle aus mir. Lass diese Eisen an mir verbrennen, wie die Jahre im Hauch der Erde.

Die Tochter *des Wächters*, Anna, *kommt mit dem Kinde an der Hand.*

ANNA: Wo seid ihr, Lumpenkerle? Jämmerlinge sind diese Männer. In der Festung rumorts, und ihr seid nicht zu finden, habt euch verkrochen wie die Schnecken, damit keiner von euch dafür einsteht! DER MANN: Sie sind fort! ANNA: Fort? Was für eine zimperliche Stimme. Bist du das, Sträfling, hast du schon dein Teil gekriegt, komm ich zu spät? DER MANN: Die Wächter sind fort. ANNA: Was soll das? Warum ist keiner hier? Ich will mein Leben haben! Seit Tagen spitz ich drauf, dass der Alte dir den Buckel vollschlägt. Soll ich vielleicht an den Gitterstangen rauf und

runter rutschen? DER MANN: Dein Kind! ANNA:
Das Kind? Sieht oft genug zu. Wo sind die andern?
DER MANN: Frei. ANNA: Was redest du da sinn-
los? DER MANN: Am Boden liegen die Schlüssel!
ANNA: Die Schlüssel. Wer hat sie hingeworfen?
DER MANN: Dein Bräutigam. Er ist fort. ANNA:
Bräutigam? Der Weichling. Wo ist mein Vater? —
Aber was frag' ich dich, den Sträfling? DER
MANN: Dein Vater ist mein Kamerad, mein Bru-
der. Unter die Menschen, Kameraden. In ein neues
Leben. In die Freiheit. ANNA: In die Freiheit?
Der alte Narr. Keiner mehr da: warte einmal, dich
will ich mir schon holen. — Da die Schlüssel. Ich
mach dir jetzt auf. Hast du Hunger, oder bist du
schon mürbe geworden im Keller? DER MANN:
Mach meine Zelle nicht auf. ANNA: Ho, du wärst
ja der erste Sträfling, der gefangen bleiben wollte.
DER MANN: Ja, ich will bleiben, geh! ANNA:
„Geh"!? Wohin denn? Vielleicht zu den andern?
Hab ich nicht nötig. Hab an mir genug. KIND:
Mutter, an mir! ANNA: Schweig, Fratze. Sei froh,
dass du überall dabei bist! KIND: Mutter, hier
ist es nicht lustig. DER MANN: Da liegen die
Schlüssel. Die andern sind fort, selbst der Gouver-
neur ist fort. Wir sind die einzigen. ANNA: Sie
sind toll geworden. DER MANN: Nein, nicht toll.
Sie sind frei. DAS KIND: Mutter, hier ist ein
Schlüsselbund. Horch nur, wie schön das klingelt!
DER MANN: Dein Kind hat die Schlüssel. Das
ganze Haus ist in deiner Macht. ANNA: In meiner
Macht? (Das Kind *klingelt mit dem Schlüsselbund.*)
Ich habe noch nie Macht gehabt, was kann ich

damit tun? — Ha, ich weiss, du willst heraus! —
O ich kenne die Menschen. DER MANN: Ich will
nicht von dir befreit sein. Ich will dich befreien!
ANNA: Mich befreien! (Das Kind *klingelt.*) Was
soll ich damit. Ich kenne nur Lust, und ich kriege
jeden Mann, den ich will, es sind genug an die
Mauer geschlossen. Es ist alles nicht wichtig, und
nachher ist alles wie es immer war. DER MANN:
Doch, es ist alles wichtig. Es bleibt nicht, wie es
war. Du hast die Macht. Du kannst davongehen
und alle Gefangenen im Hause verhungern lassen.
ANNA: Es kommt vielleicht nicht mehr darauf an.
Wir haben sie schon halb tot gequält. DER MANN:
Aber du kannst auch fortgehen, Feuer an das Haus
legen und die Schlüssel hineinwerfen! ANNA:
Das will ich nicht.
DER MANN: Sieh auf diese Schlüssel. Sie sind hell.
Ein Licht geht von ihnen aus. Jeder ist eine kleine
blaue Flamme. Das kommt aus uns und das geht
wieder zu uns zurück. Alle Menschen, die einmal
geliebt haben, haben ihren Hauch in diese Gefäng-
nisschlüssel geschickt. Sieh, wie es um sie strahlt.
Du hast dein Leben in den Folterkellern verbracht,
du kennst die Menschen im Dunkel, du sahst auf
ihren Gesichtern nur Gewalt. Du hast nur die
Angst und die Gier gesehen. Aber als du dein Kind
bekamst, in der Nacht, im dunkelsten Schlaf, in
deinen Träumen, da war es bei dir hell, du wusstest,
dass du auch geliebt werden kannst; bei dir stand
ein strahlender, schöner Mensch in weissem Licht,
den hast du geliebt, für den warst du da. Der war
in dir. Und nur am Tage fandest du die Gemein-

heit in den Gefängniskellern. Dein Leben, wenn du bei dir warst, wenn du ruhtest, dein Leben in dir: war Liebe und Helligkeit. Du warst geliebt. Du kannst helfen! ANNA: Helfen! *(Das Kind klingelt mit den Schlüsseln.)* DER MANN: Hilf! Du wirst den andern helfen, allen. Diese Schlüssel, dieses kleine klingende Blinkfeuer weht die Gefängnismauern um! ANNA: Helfen. — Ich. — Mir ist so sanft. Wer bin ich? Ich bin ganz allein. Ich schwebe hinauf, ich fliege, ich bin so leicht. Um mich ist nur weisses Licht. Ich will hinaus in das Licht, hinauf. Ich bin nicht mehr allein. Sie schweben alle in dem Licht; der Alte schwebt da mit dem langen Bart, den sie dreimal in der Woche hungern lassen. Über mir — der hält mir die Hände entgegen, goldene Flammen — der Geschlagene, den sie an die Mauer gekettet haben. O, da bist du, ganz hoch oben, ganz weit, du, du winkst mir, du bist zu weit, ich kann nicht zu dir kommen, hilf mir, du — DER MANN: Ich bin dir nah ANNA: O habe ich dich gesehen? Habe ich dich geliebt? Liebe ich dich? Bist du es? DER MANN: Nein, nicht ich. Alle. Du bist auserwählt. Dein Leben wird Aufscheinen unter den Menschen sein. Hilf ihnen! ANNA: Ich bin ganz neu. Ich habe das nicht gewusst. Was ist das in mir? DER MANN: Freiheit. ANNA: O ich bin dir ganz nah, ich könnte durch dich hindurchgleiten, verschwinden um dich, über dir, unter dir, um dich sein. Ich könnte dein Bett, deine Bank sein, deine Wand, dein Gitter, deine Ketten, deine Zelle, das Haus um dich. Das alles ist fort. Ich sehe nichts mehr, nur Licht, auf und ab und schwebende Menschen drin. — Freiheit! — *(bricht zusammen.)* Das Kind *klingelt lange mit den Schlüsseln.*

DER MANN: Freundin, Schwester, Kameradin! Hilf ihnen! ANNA: Wohin? DER MANN: Auf das Schiff. In das neue Leben. Die Brüder warten. ANNA: Und du? DER MANN: Erst sie! Befreiung, alle, sie warten jahrelang! ANNA: Freiheit. O Freiheit für die Menschen! Und dass ich meine Augen und meine Hände und meinen Leib habe, ihnen zu helfen! Ich gebe ihnen die Freiheit, ich Arme! Aber sind sie nicht begraben und vermodert und vergessen? Zu Hilfe, o her zu mir, zur Freiheit! *(Ab)*

VIERZEHNTE SZENE
Der Mann / Das Kind

DAS KIND *(lässt die Schlüssel fallen):* Die Mutter läuft in die Keller hinunter. Hörst du wie sie an den Türen schreit? Ich will mit! DER MANN: Nein, bleibe hier. Die Mutter will, dass du bei mir bleibst. DAS KIND: Hörst du, wie sie unten schreien? Ich habe Angst. DER MANN: Hast du oft Angst? DAS KIND: Nein sonst nie. DER MANN: Du brauchst auch jetzt keine Angst zu haben. Ich bin ja bei dir. DAS KIND: Du bist aber ein Gefangener! DER MANN: Nein, nicht mehr! Hörst du, sie haben aufgehört, jetzt ist es ganz still. DAS KIND: Ich glaube, ausser uns beiden ist niemand mehr da. DER MANN: Mein Kind, das ist die Freiheit. DAS KIND: Was ist das, die Freiheit? DER MANN: Die Mutter wird es dir sagen. Nimm die Schlüssel und schliesse hier auf. *(Das Kind schliesst die Zelle auf.)* DAS KIND: Führst du mich auch zur Mutter? DER MANN: Ja, ich führe dich zur Mutter. Nun wirst du bald mit vielen lustigen Menschen spielen, willst du? Wir gehen mit deiner Mutter auf ein ganz grosses Schiff, schönes Schiff. DAS KIND: Ich war noch nie auf einem Schiff. DER MANN: Nun hier noch den kleinen Schlüssel für die Ketten. Mein Kind, du hast das Wunder gesehen! *(Die Ketten fallen ab.)*

Dunkel

FÜNFZEHNTE SZENE

Das Schiff am Hafen

N a u k e *am Landungssteg geht als Posten hin und her.* *(NAUKE in teils zu weitem, teils viel zu kurzem Anzug mit sehr kleinem Kinderkragen.)* NAUKE: Auf — ab. Auf — ab. Kehrt! Nauke auf Wache! Was sag ich: Wache? Revolutionsposten! Eine Ehre, Nauke, eine Ehre, das bitt ich mir aus! Das hätt auch niemand gedacht! In dieser Zeit hat jeder Posten den Präsidentenstuhl im Tornister. Präsidentenstuhl? Ein ganz gewöhnlicher Lehnsessel wär mir jetzt lieber. *(Gähnt.)* Auf — ab. Auf — ab. Kehrt! Verdammt kalt! Grossartige Revolution — und nicht einmal einen Tropfen zu trinken! Aber, aber, aber Nauke! *(schlägt sich auf den Mund, sieht sich um)* wenn das nur niemand gehört hat! Na, wartet nur, wenn ich erst mal dran bin, dann wird ein Fässchen aufgeschlagen, ein Fässchen, — mit einem Wort: ein Revolutionsfässchen! *Auf — ab.* *Auf — ab.* Ich hoffe doch, so wirds nicht weiter gehen, sonst könnt mir die ganze Revolution gestohlen *. (fährt zusammen, sieht sich ängstlich um, klopft sich wieder auf den Mund):* Gesegnet sein, natürlich gesegnet sein, Nauke! — Das ist öde hier. Da wird einem so schön gesagt: „Du erwartest die Brüder" — und dann kommt keiner. Nicht einmal die Schwestern, die kleinen Schwestern! Hätt ich nur was zu trinken, dann könnt ich meine Revolutionsrede ebenso gut halten, wie die Andern. Ich glaube, den beliebten Ton treff ich herrlich. In der Art: „. . . Brüder, Schwestern, Eure Zukunft liegt auf der Liebe!" Wunderschön! Es geht, es geht, Nauke! Du wirst deinen Weg machen!

Am Hafen vor dem Landungssteg nähern sich Klotz *und die* Frau

SECHZEHNTE SZENE

Nauke / Später Klotz / Die Frau

NAUKE: Es ist schon Morgen. Und ich bin immer noch trocken. *(Bemerkt die Beiden, nimmt Würde an:)* Halt, wer da? Ah, ihr seid es! Wo bleiben die Kameraden? KLOTZ: Sie müssen kommen, sie haben das Zeichen gegeben. NAUKE: Bist du sicher, dass sie frei sind? Wir können nicht mehr warten. DIE FRAU: Nur noch einen Augenblick Geduld! Ich möchte auch lieber mit Euch auf ho-

her See sein, uns brennt die Polizei am Nacken.
NAUKE: Wenn wir so lange warten, bis die erste
Runde kommt, sind wir verloren. Dann merken
sie, dass wir die Offiziere eingeschlossen haben.
DIE FRAU: Ihr habt sie nicht umgebracht? KLOTZ:
Das hat keiner von uns beschlossen. NAUKE:
Da kommt ihr! Schnell; letzter Augenblick!

SIEBZEHNTE SZENE
Vorige / Der Gouverneur
Der Gouverneur kommt

DER GOUVERNEUR: Sind alle da? NAUKE: Nein,
aber wir können nicht länger warten, sonst sind
wir entdeckt. DER GOUVERNEUR: Wir müssen
auf die Kameraden warten! Wir müssen die Gefahr auf uns nehmen. DIE FRAU: Wir sind verloren, da sind schon Leute, die nicht zu uns gehören.

ACHTZEHNTE SZENE
Vorige / Der alte Mann / Der Junge
Der alte Mann und der Junge von der Strasse sind
gekommen und streichen umher

DER JUNGE: Matrose, hast du nicht 'ne Zigarette,
mir stehen die Augen aus dem Kopf, habe schon
so lange nichts mehr im Magen. DER ALTE MANN:
Lasst mich doch mal einen Augenblick sitzen, ich
geh schon seit Tagen ohne Obdach, mir ist es so
kalt. NAUKE: Verboten. Niemand darf an Bord.

NEUNZEHNTE SZENE

Vorige / Der erste Wächter / Der zweite Wächter

Der erste Wächter *verwirrt auf der Flucht, läuft auf das Schiff zu, hinter ihm* der zweite Wächter

ERSTER WÄCHTER: Kameraden? NAUKE: Wohin? ERSTER WÄCHTER: Ins neue Leben. ZWEITER WÄCHTER *(erreicht ihn):* In die Freiheit! NAUKE *(macht Platz):* Eilt euch!

Erster und zweiter Wächter, Klotz und Frau, Gouverneur werden von Nauke über den Steg an Bord geschoben.

DER ALTE MANN UND DER JUNGE: Ich will auch an Bord. Ich will mich setzen. Was zu essen! Warum sollen die es besser haben!

ZWANZIGSTE SZENE

Vorige ohne den ersten Wächter / Zweiter Wächter / Klotz / Die Frau / Der Gouverneur

Volksmenge *ist dazu gekommen, streicht am Landungssteg umher*

RUFE: Wir wollen aufs Schiff! Aufs Schiff! NAUKE *(zu den Kameraden auf dem Landungssteg und an Bord):* Jetzt ist es zu spät. Der Lärm verrät uns. Wir müssen abstossen. Wer nicht da ist, muss an Land bleiben. DIE FRAU: Nur eine Sekunde noch, sie müssen ja kommen! NAUKE:

Nein! Da, der Lärm an Bord? Wir sind verraten!
(Ruft ins Schiff): Kameraden, Wache, zu den
Waffen!

Lärm an Bord

EINUNDZWANZIGSTE SZENE

Vorige / Anna / Der erste Gefangene / Der
zweite Gefangene

ANNA *(kommt atemlos auf der Flucht mit einem
alten, weissbärtigen Gefangenen und einem
zweiten* jüngeren Gefangenen): Hier, kommt
doch, wir sind da, wir sind in Freiheit! Helft mir,
schnell, sie können nicht gehen! *(Der alte und der
junge Gefangene werden über die Landungsbrücke
an Bord geschoben).* ANNA *(will an Bord):* Halt,
wo ist mein Kind?

Neuer Lärm an Bord

NAUKE: Alle an Bord! Jede Hand ist nötig! Abstossen! ANNA: Nein, halt! Wo ist mein Kind?
Ich gehe nicht eher!

ZWEIUNDZWANZIGSTE SZENE

Vorige / Kapitän / Matrosen

*Oben auf dem Deck der Kommandobrücke erscheint
ein* Kapitän, *umgeben von einem Knäuel ringen-
der Matrosen*

KAPITÄN: Hilfe, Meuterei an Bord, Hilfe! DAS
VOLK *am Hafen kommt in immer grösseren Scharen.*
DER JUNGE *(ruft):* Runter mit dem Kapitän!

41

DREIUNDZWANZIGSTE SZENE

Vorige / Gouverneur / Erster Wächter
Zweiter Wächter / Später der Mann und
das Kind

Auf der Kommandobrücke tauchen der Gouverneur, erster *und* zweiter Wächter *auf, und überwältigen den* Kapitän.

GOUVERNEUR: Anker lichten! Abstossen! ANNA: Mein Kind! Klotz! Zu Hilfe! (*Der* Mann *kommt mit dem* Kind *auf den Armen.*)

VIERUNDZWANZIGSTE SZENE

Vorige ohne den Kapitän

DER MANN: Kameraden! — Freiheit! DAS VOLK: Das Militär! (*Der* Mann *lässt das Kind zur Erde.* Anna *läuft ihrem Kind entgegen.* Der Mann *betritt das Schiff.*)

Trommelwirbel *hinter der Szene*
DAS VOLK: Die Soldaten!

FÜNFUNDZWANZIGSTE SZENE

Die Tochter *eilt mit dem* Kind *an der Hand auf das Schiff. Am Schiffseingang erscheint, im Schiff,* — *inmitten des Knäuels von Kämpfenden der* Kapitän, *ringt sich los, springt auf den Landungssteg.* Der Kapitän *packt das* Kind *an der Hand und springt mit ihm an Land. Im selben Moment wird der Landungssteg ins Schiff eingezogen. Man hört* einen Ruf: *„Die Anker!"* Die Anker *gehen hoch*

ANNA *(am Schiffseingang):* Mein Kind! *(Sie wird zurückgerissen.)*

42

SECHSUNDZWANZIGSTE SZENE
Vorige / Der Offizier / Soldaten

Militär tritt auf, an der Spitze der Offizier

KAPITÄN: Meuterei! Ergebt euch, das Kind ist Geisel! DER GOUVERNEUR *(oben auf dem Verdeck):* Unsere Geiseln sind die Deckoffiziere. DER OFFIZIER: Das Kind wird erschossen! ANNA: Sie werden es nicht wagen! DER GOUVERNEUR *(auf der Kommandobrücke):* Wir erschiessen die Deckoffiziere! ERSTER UND ZWEITER WÄCHTER *(neben dem Gouverneur):* Nein, wir schiessen nicht, Brüder keine Gewalt! KLOTZ: Kameraden, ihr seht wir können nur mit Gewalt das Kind befreien, nur jetzt nicht weich sein! ANNA: Mein Kind! Sie werden es nicht wagen! Nein, nicht schiessen. Nicht Gewalt! Du hast uns gelehrt: Nicht Gewalt! DER OFFIZIER *(unten am Hafen):* Ergebt euch, zum letzten Mal! DAS VOLK: Das Schiff stösst ab! DER OFFIZIER *(reisst den Revolver hervor, zielt auf das Kind):* Haltet das Schiff an! DER JUNGE AUS DER MENGE: Das Schiff fährt ab! *(Der Offizier gibt Feuer. Das Kind sinkt tot um. Das Volk durchbricht die Kette der Soldaten.)* DAS VOLK: Mörder! DER OFFIZIER: Mörder! Ich Mörder! *(Er springt auf den Schiffseingang und befindet sich auf dem Schiff vor Anna, die mit geballten Fäusten vor ihm steht. ALLE BRÜDER auf dem Schiff rufen gleichzeitig einstimmig:* Wir töten nicht!!!

SIEBENUNDZWANZIGSTE SZENE

Auf dem Schiff

Der Hafen, das Volk und das Militär werden in diesem Moment in Dunkel gehüllt, man hört nur noch ferne, dumpfe Stimmen. Nur das Schiff selbst ist hell beleuchtet

Vorige ohne das Volk und das Militär

DER OFFIZIER: Ich Mörder! Ich habe es gemordet! Hier bin ich, macht mit mir, was ihr wollt! Ich will nicht länger leben!

ERSTER UND ZWEITER WÄCHTER, DER MANN UND DIE FRAU: Nicht schiessen! KLOTZ: Kameraden, der letzte Kampf! ERSTER UND ZWEITRR WÄCHTER, DER MANN UND DIE FRAU: Nicht Gewalt! Brüderschaft! DER OFFIZIER *(springt auf den Gouverneur zu):* Ich will nicht mehr leben! Macht mich nieder, gleich! DER GOUVERNEUR: Mörder, Mörder. Ich müsste dich töten. Ich kann es nicht mehr. Die um uns sind stärker als unsere rohen Hände. Hier ist Freiheit. MATROSEN: Das Schiff ist auf See! Hohe See! ANNA: Mein Kind, — Mord! KLOTZ: Wir sind auf hoher See. Neues Leben. Freiheit! NAUKE: Gerettet. Für die Freiheit, für das neue Leben. Für die neuen Menschen! ANNA: O, und warum musste ein neuer Mensch sein neues Leben geben? DER GOUVERNEUR: Für die Menschheit! ANNA: Und wer hat das Recht dazu, Menschen für die Menschheit sterben zu lassen? DER GOUVERNEUR: Die Gemeinschaft. DER OFFIZIER: Lüge, Lüge, Lüge! Sie will, dass wir leben!

Ende des ersten Aktes

ZWEITER AKT

Auf dem Schiff

ERSTE SZENE

Nauke / Erster Gefangener / Zweiter
Gefangener / Der Offizier

NAUKE: Esst, Jungens, esst! Wenn ihr nicht satt
seid, esst weiter. Das ganze Schiff ist für euch da!
Seit wir unterwegs sind, tue ich auch nichts anderes. DER ERSTE GEFANGENE: Freiheit. Es ist
so gute Luft; hab ich schon zwölf Jahre nicht mehr
geschluckt. NAUKE: Gute Luft? Find ich nicht.
Seit wir vom Meer in den Fluss gelaufen sind,
legt sichs mir dick über die Nase. ZWEITER GE-
FANGENER: Kann der Offizier nicht seine Uniform abtun? Das bohrt mir die Augen ein, ich
bin noch nicht ganz in die Freiheit gesprungen,
solang ich die Streifen sehe. NAUKE *(zum Offizier):* Zieh den Rock aus. Zwölf Jahre lang hat
dem Alten die Uniform das Leben verdorben.
(DER OFFIZIER *zieht den Rock aus.)* NAUKE: Das
ist das neue Leben, seht ihr? Wir werden noch
manchem den Rock ausziehen. ERSTER GEFAN-
GENER: Gerad das stand auf den Blättern gedruckt,
deswegen sie uns eingesperrt haben. Der Staatsanwalt sagte   NAUKE: Ach, lass den Staatsanwalt, es gibt keinen Staatsanwalt mehr! Als ich
noch ein Junge war, hab ich mir schon hinter
jedem Polizisten gesagt: einmal bin ich gross, und

dann: den Rock herunter. Da seht ihr — wir haben jetzt die neue Welt, alle müssen den Rock ausziehen! ZWEITER GEFANGENER: Genau das hab ich in meiner Verteidigungsrede vor Gericht gesagt, ich sagte NAUKE: Lass das Gericht, Bruder, es gibt kein Gericht mehr. Wir reden nicht mehr, wir machen das wirklich. Was? Das ist ein Spass, wies jetzt alle Tage geht. Wir heran an ein Schiff, überrumpeln, die Mannschaft festlegen, dem Kapitän die Uniform vom Leibe und alle herunter ins Verdeck zu den Gefangenen schmeissen! Ich habs geahnt, — als Schiffsjunge, als Schornsteinfeger, als Scherenschleifer — hab ichs schon geahnt, dass es so kommen musste. — Offizier, hast du auch satt gegessen? OFFIZIER: Bin nicht hungrig. Ich esse, wenn wir anlegen. NAUKE: Hungre, Bruder Mörder, hungre ruhig, hier kann jeder essen und hungern, wie er will. Das ist die Freiheit, seht ihr!
ERSTER GEFANGENER: Wenn wir anlegen, dann adieu ihr da drüben, das alte Land hat mich geschmeckt. NAUKE: Wie, du willst fort?! Das gibts nicht, Kamerad! ZWEITER GEFANGENER: Was, ihr haltet uns fest? NAUKE: Festhalten? Aber Bruder, wo steckt ihr? Jetzt beginnt es doch erst! Das Schiff legt an jeder Stadt an, wir heraus, und unter die Leute. In jeder Stadt! Wir legen bei jeder Stadt am Fluss an. Machen Kameraden, die mit uns kommen! OFFIZIER: Aber dann? ERSTER UND ZWEITER GEFANGENER: Und was sollen die tun? NAUKE: Was die tun sollen? Brüder, Jungens, — was die tun sollen? Mit uns

kommen, den Offizieren die Röcke herunterreissen, den Polizisten den eigenen Säbel zwischen die Beine halten, die Staatsanwälte ins Loch sperren, und mit uns kommen, mit uns kommen! Von einer Stadt in die andere. Hier auf dem breiten Fluss, auf dem Meer, den Schiffen die Ladung abnehmen, die feindliche Mannschaft ins Zwischendeck sperren, in den Städten die Vorratshallen aufmachen. Jeder nimmt sich, was er braucht. Die Freiheit, Freunde! Was fragt ihr? Seid ihr denn Männer? Meine Mutter hätt euch das schon sagen können: die rein zum Bäcker gelangt, und mit dem Brot unterm Rock raus, dem Schutzmann ein Bein gestellt, dass er über seinen eigenen Helm stolpert, — und das war doch nur ne arme, gejagte Matrosenhure! ERSTER GEFANGENER: Und dann an die Banken, und den Zins beseitigt! Ich hab zwanzig Jahre lang daran gerechnet. Das ist das Wichtigste! NAUKE: Zins? Geld? Ihr armen Kerle habt im Zuchthaus die Zeit verträumt. — Das wissen wir heute ganz genau: Von Geld ist überhaupt nicht mehr die Rede. Jeder nimmt, was ihm vor der Hand liegt: Den Topf, das Haus, das Schiffstau. Die Erde ist gross genug für alle Hände. Wir tauschen alles, zuletzt uns selbst. Freiheit! Freiheit! Nieder mit der Gesellschaft! DER OFFIZIER: Wann legen wir an? Wann kommt die erste Stadt? Wann? O, die Mörder aus der Welt schaffen! Nieder mit der Gesellschaft! ERSTER UND ZWEITER GEFANGENER: Nieder mit der Gesellschaft! DIE SCHIFFSGEFANGENEN *(unten im Zwischendeck noch unsichtbar):* Lasst uns heraus! Leben!

Wir wollen leben! DER OFFIZIER: Was ist das? Sie schreien. NAUKE: Die gefangene Mannschaft, die wir im Zwischendeck haben. Die sind sicher. Die stören uns nicht mehr. DER OFFIZIER: Ist jemand von uns bei ihnen? NAUKE: Die sind eingesperrt — das sind doch Feinde! Kümmere dich nicht um die, wir haben Wichtigeres zu tun! — Kamerad, du machst es an Land bei den Soldaten. Solche, wie du, gibt es noch mehr. Einer muss nur das Beispiel geben. OFFIZIER: Und die Frauen? NAUKE: Die Frauen machens auf die andere Art. Das weiss ich von meiner Mutter, dass ein Weib die halbe Stadt umlegen kann Die Frauen gehen zu den Lauen, denen, die uns Gutes wünschen, und sich nie getrauen werden, mit anzupacken. Dann sag ich euch, ehe so ein Tag um ist, hat bald alles den Kopf erhoben, und es kommt ein Wutgebrüll wie von den Löwen in den Käfigen. Auf einmal, seht ihr, sind wir da. Und die neuen Kameraden haben schon die Fäuste den andern vors Gesicht gehalten, ehe sies selbst noch wissen! OFFIZIER: Die Frauen am Schiff! ERSTER UND ZWEITER GEFANGENER: Die Frauen! Die Frauen, kommt herauf!

ZWEITE SZENE

Vorige / Anna

ANNA *(kommt):* Was wollt ihr? Was ruft ihr mich? Was schreit ihr hinein in mein neues Leben? Ich war auf dem Meer, ich habe die Sterne gesehen. Das Licht sprudelte über mich. Um mich war

Licht. So streck ich meine beiden Arme hoch im Licht. So umarme ich euch, meine Lieben, im Licht. Ihr seid die vollen milden Strahlen, und ich bin in den Strahlen. Wir haben die Finsternis zerrissen. Wir haben die Schatten zerschlagen. NAUKE: Zerschlagene Köpfe hatten sie freilich, die Schatten. Wir haben sie unten ins Zwischendeck gesperrt. Obs da wohl noch finstrer ist, als sonst? Und die Ladung, die wir ihnen abgenommen haben — alles Schattenware. Und der Wein, das Bier, der Rum und der Proviant, den wir von ihnen herübergeschafft haben — alles Finsternis. — Esst, esst, Jungens: Nieder mit der Finsternis! ANNA: Nieder mit der Finsternis! Wir sind vom Licht. Ich bin nur noch Licht. Du bist Licht. Ich dreh mich und schau dich: du bist Licht. Ich spring unter euch, wir sind eine grosse, breite, quellende Strahlenflamme. ERSTER GEFANGENER: Flamme, Flamme! Die Flamme über die Länder! Feuersbrünste an die Bankhäuser, Feuer an die Papiere, die Scheine; der Zins der ganzen Welt ist Asche! ZWEITER GEFANGENER: Ein Schutthaufen, klirrende Kehrichtreste das Geld! Die Menschen geben sich die Hände. Ich habs gewusst. Die Welt wird unschuldig.

OFFIZIER: Unschuldig, unschuldig! Kann man Unschuldige töten! Ich knie vor euch nieder, ich umfasse euere Füsse. Ich bin frei geworden. Weib, hier halte ich mit beiden Händen deine Füsse, dein erschossenes Kind lebt in mir! Und ich lebe in deinem Strahlenbett, dein Gesicht ist der Lichtbrunnen, deine Arme sind die zuckenden Lichtflüsse, umstrahle mich mit deinen Lichthaaren! Ich bin die Schuld. Ich komme aus dem Kasernendunkel. Ich bin Mörder, ich habe gemordet, ich müsste sterben: nun lebe ich neu im Lichtbrand. Ich knie vor dir auf der Erde, ich schlage vor dir auf die Planken nieder, wehrlos, du weisst alles von mir. Leuchte zu mir, ich lebe neu für die Freiheit.

ANNA: Freiheit! Wie diese Wirbel im Kreis aus mir hoch strömen! O, dass ich noch hier auf meinen Füssen stehe! Merkt ihr nicht, rasend aus mir, rund herum um die Welt die mächtigen Drehungen toben, die drohenden blitzenden Kreise. Was steht ihr da? Ihr ruft mich. Merkt ihr nicht, wie der Raum brausend hinter uns rauscht? Wo seid ihr? Warum bin ich allein? Warum fliegt ihr nicht mit mir? Habt ihr schon vergessen, wie wir auf die fremden Schiffe stürzten, wie wir die zitternden Schiffsknechte knebelten — und wie Wenige waren wir: Nur, weil wir Freie sind! — Warum schlaft ihr? Warum wache allein ich? Auf! Herauf zu uns! Löst euere Glieder! Vergesst euere dunkle Nacht von Gestern!

DRITTE SZENE

Vorige / Der Mann / Die Frau

Der Mann *und* die Frau *kommen*

DER MANN: Gestern, gestern: schwere Steine, Schüsse, Militärkolonnen, Mauern stürzen. Heute zischt die Luft um mich, ich rühre keinen Menschen an, ich ströme für euch dahin, wie das Wasser unterm Kiel. Ich bin für euch da, meine Brüder, ich will für euch arbeiten, ich wasche euch das Verdeck, ich koche euer Essen, ich trag euch in die Hängematte, wenn ihr krank seid. O, wie klein ist das alles, was ich für euch tue, meine Blutstropfen sind für euch da. NAUKE: Ein einziges Gläschen Magentropfen wär mir lieber als die grossmütigst vergossenen Blutstropfen. Wer für uns da ist, der geniesst seine Freiheit und hilft uns bei unserm Spass. Ich bin dafür, dass heute deine schöne Frau bei mir in der Kajüte bleibt. Hallo, Bruder, haperts da? Deine Frau bei mir! DIE FRAU: Ich gehör euch! Ich flicke euere Fetzen, ich kämme euch die Läuse aus den Haaren, ich singe euch eure müssigen Minuten vor. Was ist das alles? Seid ihr denn schon selig? Wir sind noch weit von den Menschen! Um uns muss die ganze Welt brennen, die Vergangenheit muss wie Munitionsstädte zum Himmel explodieren, wir müssen über die Erde rasen und die Menschen befreien, — und unser Leben ist so kurz! NAUKE: Freiheit: davon müssen wir was haben. Das Leben ist kurz; seit ich aus meiner Mutter gekrochen bin, weiss ich, dass es mit Essen und Trinken vorbeigeht; ein paar mal einem Weib um den Hals gefallen, und eines Tags fliegst du vom Schiff ins Wasser mit einem Schlag auf den Hinterkopf und bist tot. Die anderen Menschen sollens ebenso gut haben wie wir, aber wir müssen das fette Beispiel geben. Die Flaschen herauf, sag ich, die Flaschen, und die Essnäpfe nicht vergessen! Einen Schinken hab ich unter der neuen Ladung entdeckt, einen Schinken, saftig wie Weiberbrust. Wer nicht für das grosse Freiheitsessen und -Trinken ist, der ist ein Verräter! OFFIZIER *(zu Anna)*: Mach mit mir, was du willst. Ich bin die Planke für deinen Fuss. Für alle Menschen werd ich da sein, ewig in dir! NAUKE: Ihr da unten, Flaschen herauf, den Schinken herauf!

VIERTE SZENE

Vorige / Erster Wächter / Zweiter Wächter

(Erster und zweiter Wächter kommen beladen herauf.)

ERSTER GEFANGENER: Zwanzig Jahre keine Weiberhand mehr gehalten. Wo ist meine Frau geblieben? Meine Schwester ist tot. Ich stand alle Tage zwölf Stunden an der Maschine. Ich habe für euch gedacht! Sind wir endlich da? Ich will vergessen, was war, lasse mir die Sonne in die Augen brennen. Dieser Geruch vom Wasser her, ich kenne das nicht. Sind wir frei? Umschlingt mich, presst eure Arme um mich, und dann hinein in alle Börsensäle der Welt, die Banken gesprengt, unsere Brüder befreit! — springt mit mir unter die Geldherren, jedes Wort erstickt, das noch mit Gelddienst über die Telegraphendrähte läuft! ZWEITER GEFANGENER: Ich wusste es immer, es gibt keinen Besitz! Wir gehören uns alle. Ich bin schwach. Ich habe nie in der Freude gelebt, seit meiner Jugend hab ich Pläne entworfen. Aber ich

weiss heute, es gibt eine Freude, vielleicht kann
ich allen helfen. Wollt ihr, dass ich für euch tanze?
Ich bin alt. Meine Knochen sind weich vom Gefängnis. Soll ich unter euch springen, bis wir den
Himmel herunterholen? Dass ich frei bin! Nun
müssen alle frei sein. ERSTER WÄCHTER: Trinken, Brüder, hier! O ich weiss es, wie man die
Gefangenen herausholt, vielleicht hab ich darum
mein Leben lang die Mauern um mich gehabt. Zusammen mit euch brennen wir wie ein Blasfeuer
die Zuchthäuser nieder, unsere Brüder sind frei!
ERSTER GEFANGENER *(zum ersten Wächter)*
Ist das nicht deine Tochter, die da am Schiffsrand
steht, als wollt sie in die Sonne fliegen? ERSTER
WÄCHTER: Tochter? ich fühls kaum mehr. Sie
geht so hoch und gerade, ist etwas Feines geworden, nicht mehr zu erkennen von früher; meine
Tochter war anders. Die sieht keinen Menschen
mehr, schaut durch mich hindurch, dass ich mich
oft vor Schreck umdrehe und hinter mich blicke.
Sie hört mich schon lange nicht mehr. Aber ich
hab ihr nichts zu sagen seit meiner eigenen Flucht!
NAUKE *(erhebt sich halb, die Hand hohl vor den
Augen):* Ein Schiff! Ein Schiff an der Flussmün-
dung, dort hinten, in der Ferne. DER MANN:
Wir sind nicht mehr allein auf dem Wasser! DER
OFFIZIER: Ein Schiff *(zu Anna)* O sprich, eh ich
mit meinen Küssen zu dir falle, sag es mir. Hinauf
auf das Schiff. Wünsch es von mir, verlang das!
Wir springen von einem Verdeck aufs andere. Nieder mit der Besatzung, wir holen an Bord, was wir
finden!

FÜNFTE SZENE
Vorige / Der Gouverneur

Der Gouverneur *tritt auf*. NAUKE: DieWaffen!
Auf das Schiff! Wir rammen ein Leck, und dann
in der Verwirrung hinüber, die Mannschaft gebunden, und jeden niedergemacht, der gegen uns
ist! DER GOUVERNEUR: Nein! NAUKE: Nieder
mit dem Sklavenschiff. Auf! Gestern hiess es noch
Raub, heute heisst es Freiheit! DER GOUVER-
NEUR: Nein! OFFIZIER *(zum Gouverneur):*
Was willst du?

SECHSTE SZENE
Vorige / Klotz

KLOTZ *(tritt auf, eilends):* Das Schiff, das Schiff!
NAUKE: Wir sausen mit allen Kesseln darauf zu!
DER GOUVERNEUR: Nein, nein, sag ich euch!
Das ist nicht die Freiheit! Das ist das Tier. Das
ist der Absturz! Die alte Welt der Feinde stirbt
schwarz zerfressen an der Pest. — Und diese da,
die Kameraden, rasen nach Besitz? KLOTZ: Lass
sie. Sie folgen ihrem Zwang. DER GOUVERNEUR:
Nein! Ich darf sie nicht lassen. Ich bin erweckt,
ich kann nicht mehr zurück. Ich kann die Menschen
nie mehr im Dumpfen lassen. Weisst du es noch
nicht? Rings um uns tobt Seuche. Drüben fressen
Besitz und Seuche brüderlich vereint an den
Feinden. Aber hier unsere Brüder — nur die
Reinheit kann sie noch retten! KLOTZ: Sieh, die
Armen hier, wie zum ersten Male aus ihnen die

Freiheit springt! DER GOUVERNEUR: Ich sehe graue Blitze unter ihnen. Die Verwirrung steigt wie Nebel um unser Schiff. Sie fallen in ihre Tierheit zurück. Sie schleudern sich zurück ins blinde Vergessen. — Kameraden, heraus aus der Befleckung. Unsere Kraft ist der reine Wille unseres Freiheitschiffes, oder die Seuche von drüben stürzt sich über euch! NAUKE: Was willst du, Kamerad? Komm zu uns, küss mit uns! In einer Stunde springen wir drüben dem Schiff auf den Leib! Küsst mich, Frauen, küsst euch! Das ist ein Leben, ich habs gewusst, dass so ein Leben kommen wird. Musik! — ich hörte Musik schon im Mutterleib! Musik! O Freiheit!

KLOTZ *(zum Gouverneur)*: Dort, dort am Ufer — o sieh! sieh die dunklen Klumpen! Sind das Menschen? DER MANN: Tote! Die Seuche? DER GOUVERNEUR: Tote! Die Pest frass sie. Ich sagt es euch! DER MANN: Die Pest — wir fahren durch die Pest! DER GOUVERNEUR: Die Pest um uns. Die Pest auf dem Feindesschiff. Und in unsern Brüdern: Das Tier! *(zu den andern)*: Nun verlass mich nicht, Menschenkraft in mir!

KLOTZ: Das Schiff, es kommt auf uns zu! ERSTER WÄCHTER: Mir ist unheimlich; ich seh, wie sie drüben Flaggen ziehen und Kanonen richten! ZWEITER WÄCHTER: Wir verfolgen sie nicht mehr, sie jagen auf uns! OFFIZIER: Sie verfolgen uns! NAUKE: Uns! ANNA: Ich ergebe mich nicht! DER MANN: Sie werden sich rächen. DIE FRAU: Sie verlangen unsere Auslieferung und lassen euch dann frei. Wollt Ihr uns verraten?

DER GOUVERNEUR: Ihr dürft nicht verzweifeln. Seid ihr nicht frei? NAUKE: Scherze nicht mit uns! ERSTER GEFANGENER: Sprich, ich verstehe dich. Schnell. Ich bin alt. Mein Leben ist billig. ZWEITER GEFANGENER: Was sollen wir tun? DER GOUVERNEUR: Seid ihr nicht die Führer? Rollt nicht die Zukunft aus unseren Händen als neue Welt? Wie dürft ihr das vergessen? NAUKE: Führer! Ich bin Führer! DER MANN: Gibt es Führer? Gibt es noch Führer in der letzten Not der Menschen? OFFIZIER: Sie verfolgen uns! Wie retten wir uns? KLOTZ: Gibt es Führer? fragst du — vorm Tode sagst du das? DER GOUVERNEUR: Ihr seid frei! Vorbild seid ihr für die Menschen! Unser Schiff fährt durch den schimmernden Himmel zu den Menschen, sie aufzurichten, ihr macht sie zu Brüdern, ihr erinnert sie an ihre Heiligkeit. Aus Euch wird die Menschheit strömen, ihr pflanzt das Morgenreich in die Länder. Und ihr habt Angst? Drüben folgt euch nur das Tier, die böse Dunkelheit. Ihr müsst nur wollen, und sie ist dahin! OFFIZIER: Es ist zu spät! Sie ziehen die Feindessignale. Sie richten ihre Riesengeschütze! DER GOUVERNEUR: Wir müssen nur wollen!

ANNA: Nimm meinen Willen! Sag was ich soll! Hauch ihn unter die Brüder, wenn er euch retten kann. DIE FRAU: Nimm mein Leben. *(Zu Anna)* Nimm du es, Schwester! Hier lieg ich zu deinen Füssen, dich stärker zu machen. OFFIZIER: Wollt ihr mich? Werft mich hinüber, sie hängen mich, oder sie schiessen mich zusammen, oder sie hacken

56

mich in Stücke, vielleicht kann jeder blutende Fetzen von meinem Fleisch einen von euch retten! ERSTER GEFANGENER: Ich bin es, sie wollen mich holen. Noch einen Zug von dieser Luft atmen, und sie können wieder das Gefängnis über meinen Schädel pressen. Ruft herüber, das ich für euch gehe. ZWEITER GEFANGENER: Nein, ich! Ich bin älter als ihr alle! Ich habe mehr gemacht als ihr, ich war gefährlicher als ihr. ERSTER WÄCH-TER: Ich weiss, wie mans macht! Schiesst mich nieder, ruft, dass ich der Rädelsführer war, einem alten Beamten glauben sie, auch wenn er tot ist. Wozu ist mein Leben gut? Ich habe die Freiheit gespürt, nun kann ich sterben. ZWEITER WÄCH-TER: Ich bin noch jung, mein ganzes Leben ist noch da, meine Freiheit aufgeben: das hat viel grösseren Wert, als ihr alle; nehmt mich! NAUKE: Mich! Mich! Ich — ein Führer! Der Kamerad hats gesagt! Ihr liefert einen wirklichen Führer aus. Das ist ein Braten für die, knusprig, voll ge-gessen und getrunken, frisch, mit festen Sehnen! Liebe Brüder und Schwestern: den letzten Schluck, und dann — hopp! KLOTZ: Kann es einer allein? Ich war der Aufstand. DER MANN: Ich war der Wille! Mit mir ersticken sie den Geist, und ihr andern schlüpft ins Leben zurück. OFFIZIER O wie spät ist es, was zögern wir! Ein Hauch noch, und wir sind alle verloren!
DIE SCHIFFSGEFANGENEN (unsichtbar, un-ten): Heraus! Leben! OFFIZIER: Die Gefangenen! — Nun alle Kraft in uns zu Hilfe, sonst werden wir wie Tiere niedergemacht! DER GOUVER-

NEUR: Wir sind nicht verloren. Wir sind noch frei. Glaubt mit mir! Wille, Wille, brenne durch uns, Wille, schiesse aus unseren Händen, kehr um in unserm Mund, fahre aus unseren Augen! Alle wollen! Wir stehen in starrer Mauer still, wir tauchen unter, wir verschwinden aus dem Leben, wir fliegen lautlos über uns herauf. Wir wollen! Auf! Aus uns steigt es herauf, heraus aus uns tritt unser Mensch, hinüber durch den Raum, es gibt keine Grenzen, furchtbar für die Gewalt! Mensch, herauf! Hervor aus uns allen, Wille. Die Gewalt prallt zu Staub! DER MANN: Wille! DER GOUVERNEUR: Brüder, Mut, wir schreiten hinaus aus unserem Leib. Unser Wille schwingt aus uns über den Raum hin. Wille, stoss in die Feinde! KLOTZ: Freiheit! DER GOUVERNEUR: Freiheit stösst aus uns! Jetzt wir alle: unser Wille heiss wie ein weisser Strahl ganz auf sie! ANNA: Wir Menschen gegen die Knechtschaft! OFFIZIER: Nieder die Gewalt! DIE FRAU: Gemeinschaft gegen die Gewalt! ALLE: Gemeinschaft! DER GOUVERNEUR: Menschen, unsere Gemeinschaft zerstört ihre Panzermacht! — Unsere Kraft! Sie wenden! — Da — sie fliehen! ALLE: Freiheit!

SIEBENTE SZENE
Vorige

OFFIZIER: Sie fliehen! Freiheit siegt! DER GOUVERNEUR: Verwirrung unter die Gewalt! Gerettet! Die Gewalt sprang ab vor Menschenwillen. Seht, wie das Schiff klein dort unten schwindet!

58

— Ihr, Sternbrüder, seid ihr nun Eurer Kraft gewiss? Das neue Leben liegt vor uns! ALLE: Gerettet — sie fliehen! NAUKE: Gerettet! Ich hab uns gerettet. Werd's mir merken. Allein durch meinen Willen. Man steht still, tut gar nichts, bläst durch die Lippen — und hast du nicht gesehen, ist der Andere auf und davon! In die feinsten Restaurants geh ich so! Zahlen? — ist nicht mehr! Kellner, eine gute Zigarre und eine Flasche Sekt: Mein Wille — pfft! Weg mit dir, Dummkopf! Mein Wille! Freiheit! KLOTZ: Wir sind frei. Ewig frei. Wir haben uns gerettet. Nun müssen wir die Menschheit retten! ERSTER WÄCHTER: An Land! Ich komme auf die neue Erde. Habe mich mein Leben lang geduckt, bin gekrochen, hab die Gefangenen gepeinigt. Wir legen an. Es gibt keine Vorgesetzten mehr, nur Brüder. OFFIZIER: Ich habe befohlen, habe die Soldaten gequält, ich war dumpf, hab Befehlen gehorcht, ich hab gemordet. Jeder Blutstropfen zerrt an mir, zu den Menschen herüber zu springen und zu helfen. An Land! ANNA: Ich strich an den Zellen des Gefängnisses vorbei, und jedes Stöhnen fand mich taub. Aber nun weiss ich, was das Licht ist, und ich will, dass die Reinheit wie ein Feuer durch die Menschen brennt! ALLE *(ausser Klotz, dem Mann und dem Gouverneur)*: Freiheit, Hoffnung. An Land. Die Stadt! NAUKE: Ans Ufer. Anlegen! DER GOUVERNEUR: Nein! Wir können nicht anlegen! NAUKE: Wir können alles was wir wollen! An Land!

DER GOUVERNEUR, DER MANN, KLOTZ: Un-

möglich! DIE FRAU: Unmöglich? KLOTZ: Wir
können nicht an Land. Merkt ihr nicht längst, wo
wir sind? Drüben am Ufer ist kein lebendes Wesen
mehr. Tot, tot! Die Städte sind tot, verkommen,
ausgestorben! DER MANN: Spürt, wo ihr seid,
Mut, Kameraden. Aus dem Wasser um uns steigt
Tod: Das ist der Untergang für uns, es dringt in
alle Poren, wer kann noch atmen, ohne zu wanken! DER GOUVERNEUR: Brüder, Mut! Um uns
ist Tod! Das Land ist tot! Wir fahren durch den
Tod. Auf dem Wasser herrscht die Pest! NAUKE,
ERSTER GEFANGENER, ZWEITER GEFANGE-
NER, ERSTER WÄCHTER, OFFIZIER: Die Pest!
Die Pest um uns! Hilfe! Hilfe! DER GOUVER-
NEUR: Uns hilft niemand, wir sind allein! OFFI-
ZIER: Zu Hilfe: Die Pest! NAUKE: Teufel noch
einmal, Zins und Kapital, die Pest! Und der Rum
ist ausgetrunken. In keiner Flasche mehr ein
Tropfen! DER GOUVERNEUR: Brüder, wir dürfen uns nicht verlieren. Unser Wille muss stärker
sein als Todesgefahr. Jede Welle, durch die das
Schiff schlägt, spritzt die Seuche um uns hoch.
Aus den Turmspitzen der toten Städte drüben fliegt
die Seuche zu uns herüber. Jede Mauer will uns
zu klebrigem Moder machen. Um uns lebt nichts
mehr, Seuchendunst steigt um uns, das Wasser ist
zitterndes Grün. Wir sind Menschen. Nur die Zukunft hält uns stark. Wir müssen leben für die
Freiheit. Glaubt eurem Willen; er rettet uns aus
Einsamkeit der Todeshölle!
OFFIZIER: Verloren, verloren! Mitten in der
Seuche. Ich hasse mich, dass ich mich je von Wor-

ten hinreissen liess. Ich hasse euch! ERSTER GEFANGENER: Du hassest mich, du Lump? Lieber zwanzig Jahre im Kettenkerker, als in der Seuche verrecken. Betrüger! ZWEITER GEFANGENER *(zum ersten Gefangenen):* Ich hab mir den Kopf zermartert für die Menschheit, du hast höhnisch dazu gemäkelt, verfluchter Zinsenhans! Ich, ich will nicht zurück in Gefängnis, geh allein, du Schwindler. DER GOUVERNEUR: Kameraden, glaubt an euer Leben. Wir leben, wenn wir in diesem Todesrasen fest aneinander glauben! ERSTER WÄCHTER: Was hab ich von diesem Tod? Meine Tochter — eine Fremde! Mein Zimmer verlassen, meine Frau, mein Ansehen, mein Auskommen — für eure Freiheit! Ich will mein Vogelbauer zurück haben, gebt mir mein Sofa wieder! KLOTZ: Ist alles vorbei? Zu spät! Im Stich gelassen von allen! Die Kameraden fallen ab wie Leichentücher! Hass! Wie allein, wie allein! Hasst nicht! Hasst nicht, ihr dürft nicht hassen! Erinnert euch, wer ihr seid! Von uns bleibt nichts in der Welt, wenn ihr noch hasst! ANNA: Sterben! Habe ich Liebe gehabt? Wo bleiben die Menschen? Tod, und nie die Menschenfreiheit gespürt! An Land, wenn wir an Land tot hinfallen, ist's gleich, so haben wir doch das ferne Land berührt! DER MANN: An der Seuche vermodern, wo es zur Freiheit ging! Noch ehe die Menschheit aus der Erde aufstehen konnte, werden meine Arme und Beine blau geschwollen abfallen, mein Kopf wird grinsen, dieses Gehirn soll stinkendschwarzer Teig sein? Ich kann nicht allein sterben. Wenn ich sterbe, wer wird dann noch leben? DIE FRAU: Hilft mir niemand? Ich will noch nicht sterben! Ich habe schwache Menschen verlassen, ich habe Menschen Unrecht getan für die Freiheit! Ich kann nicht sterben! DER GOUVERNEUR: Brüder, wir leben! Ihr seid nicht allein! Wir blicken uns in die Augen, und jeder von uns ist die ganze Erde bis an den Himmel! Wir schleudern den Tod von uns! NAUKE: Tod! Ihr habt alle den Tod verdient! Wenn ihr krepiert, ich will der Letzte sein! OFFI-ZIER, ERSTER GEFANGENER, ZWEITER GE-FANGENER, ERSTER WÄCHTER, ZWEITER WÄCHTER: Ihr Verräter, nieder mit euch Ver-rätern. DER MANN, DIE FRAU, ANNA, KLOTZ: Anlegen. Leben! An Land! DER GOUVERNEUR: Wollt ihr meinen Tod? Ich geb ihn, er nützt euch nichts. Wir müssen unsern Weg fahren, wir müssen! Wo ihr hintretet, ist die Pest! ALLE *(ausser dem Gouverneur): Zu Hilfe! Die Pest! (Sie sind im Be-griff übereinander herzufallen.)*

ACHTE SZENE
Vorige / Die Schiffsgefangenen

DIE SCHIFFSGEFANGENEN *(unten, noch unsicht-bar)*: Die Pest! Zu Hilfe! NAUKE: Die Gefange-nen! Sie schreien unten. Das ist das Ende! DIE GEFANGENEN *(unten)*: Lasst uns heraus! Die Pest! Lasst uns heraus! Wir sprengen die Tür! OFFIZIER: Die Gefangenen meutern. Wir sind ganz verloren! DIE GEFANGENEN: Lasst uns heraus! Wir sterben! EINE STIMME DER GE-

FANGENEN: Ein Kranker ist unter uns! NAUKE: Es kommt keiner herauf! Der erste, der das Verdeck betritt, muss dran glauben! DER GOUVERNEUR: Verbrechen! O, dass ich nun eure Verwirrung begreife; Welche Schuld! Sie sind Menschen! Wir hatten kein Recht, sie gefangen zu halten! Das brannte in uns! Welche Schuld! ERSTER UND ZWEITER WÄCHTER: Schnell, neue Schlösser vor die Tür, keiner darf herauf, der Kranke steckt uns an! ERSTER UND ZWEITER GEFANGENER: Die Treppe verbarrikadiert! DIE SCHIFFSGEFANGENEN: Heraus! *(Sie sprengen unten die Tür).* NAUKE, OFFIZIER, ERSTER WÄCHTER, ZWEITER WÄCHTER, ERSTER GEFANGENER, ZWEITER GEFANGENER *(in Gewaltsstellung): Tod, wer das Verdeck betritt!*

NEUNTE SZENE

DIE SCHIFFSGEFANGENEN *(steigen langsam herauf):* Leben! NAUKE: O Verzweiflung: Platzen wir nicht an der Pest — erschlagen uns die Meuterer! DER GOUVERNEUR: Keine Gewalt! Wir alle werden leben.

ZEHNTE SZENE
Vorige / Der Kranke

DIE MEUTERNDEN SCHIFFSGEFANGENEN *(sind auf dem Verdeck angelangt, in ihrer Mitte ein Kranker. Sie stehen zum Angriff bereit):* Luft! — Nieder mit den Schurken! DER GOUVERNEUR *(zur Schiffsbesatzung):* Kameraden, nehmt mein Leben, ich rette uns. Nicht Gewalt! DIE SCHIFFSBESATZUNG lässt die erhobenen Arme sinken und steht regungslos da. DIE MEUTERNDEN: Nieder mit euch! DER GOUVERNEUR! Menschen! Gemeinschaft! DIE MEUTERNDEN: Feinde! Tod! KLOTZ, DER MANN, DIE FRAU, ANNA *(mit ausgestreckten Armen):* Gemeinschaft! DIE MEUTERNDEN *(lassen entsetzt die Fäuste sinken):* DER KRANKE: Ich sterbe. Warum erschlagt ihr uns nicht? NAUKE, OFFIZIER, ERSTER WÄCHTER, ZWEITER WÄCHTER, ERSTER GEFANGENER, ZWEITER GEFANGENER *(bewegungslos):* Rettung. Wir glauben. OFFIZIER: Wie konnte ich vergessen. Brüderschaft! GOUVERNEUR *(zu den Meuternden):* Ihr seid die Brüder! DIE MEUTERNDEN: Wir sterben! DER KRANKE: Warum wehrt ihr euch nicht. Wir sind krank. Ist das die Pest? Dann sterb ich wie ein Hund. Sie machen euch alle nieder. DER GOUVERNEUR: Sie tun uns nichts — Du stirbst nicht. Du wirst leben. Ich liebe euch, Brüder! DIE MEUTERNDEN. Brüder? DER GOUVERNEUR *(ergreift den Kranken):* Freund, Kamerad, mein Bruder! Du bist die Zukunft, wie wir die Zukunft sind. Nimm mein Leben, wenn ich es geben soll, und lebe du! Alle Menschenkraft, die durch die Welt fliesst, strömt jetzt durch mich. Alle Brüder geben ihre Liebe für dich. Unser Leben ist für dich da! KRANKER *(zitternd, erstaunt):* Ich hab nur noch Stunden! DER GOUVERNEUR: Wer Bruder der Erde ist, wird le-

64

ben. Ich umarme dich. Du bist nicht krank. Ich will es. Du bist nicht krank. Wir wollen es! *(Er umschlingt ihn.)* DIE MEUTERNDEN *(leise):* Die Pest! KLOTZ, DER MANN, DIE FRAU, ANNA *(umschlingen gemeinsam den Kranken):* Du bist nicht krank! DER GOUVERNEUR: O fühlt ihr, wie die Zukunft wieder durch euer Blut schiesst? Du bist nicht krank! Du lebst in der Liebe! NAUKE, OFFIZIER, ERSTER GEFANGENER, ZWEITER GEFANGENER, ERSTER WÄCHTER, ZWEITER WÄCHTER *(lösen sich aus ihrer Starre, umarmen* Klotz, den Mann, Anna, die Frau, den Gouverneur, *schwach, jeder in einem anderen Seufzer):* Liebe! DER GOUVERNEUR: O Kraft, wieder ist sie unter uns! Unser Wille trägt uns wie ein Sternenwind zur Freiheit der Menschen! DIE MEUTERNDEN *(schwach):* Freiheit? KRANKER: Was habt ihr nur getan? Ich fühle meine Glieder stark. O Rettung! Soll ich euch dienen? DER GOUVERNEUR: Nein, du dienst uns nicht. Wir werden dir dienen! Spüre wie die Erde hell wird vor unserer Reinigung! DER OFFIZIER: Komm, ich wasche dich! O dass ich ins alte Dunkel zurückgefallen war! NAUKE *(zu den Meuternden):* Brüder, ich hab zu trinken für euch, heimlich versteckt, Flaschen für mich, ihr sollt sie haben! DER GOUVERNEUR: Spürt ihr wie das Schiff über das Wasser saust! Unser neues Blut treibt seinen Lauf. Das Ziel ist nahe! KLOTZ UND DER MANN *(zum Kranken):* Willst du meine Hände, meine Arme haben, meine Arbeit? Ich gebe mich für dich!

DER GOUVERNEUR: Was sind wir für die Menschen? Tragen wir schon die Freiheit in unseren Händen? Nein, so haben wir nur uns selbst gewonnen! Wir haben noch uns! Wir haben noch alles zu verlieren! ANNA *(zum Gouverneur):* Ich war ferne von dir. Aber nun sage ich zu dir: Geliebter! DER GOUVERNEUR: Ich wollte aus uns allen: Liebe! Aber nun darf ich es nicht mehr sagen. Das ist noch Hochmut. Es ist zuviel. Wir sind noch zu reich. Wir müssen hinab, ganz tief hinab zur letzten Armut! ANNA: Geliebter, vernichte mich, zerstöre mich, dring in mich, tu mir Gewalt vor allen, ich will niedrig sein. Nicht einmal die Hand leg ich über die Augen! DER GOUVERNEUR: Nicht ich, Geist soll dich durchdringen. Ich bin ein armer Mensch, ich bin nur noch für die Menschheit da! ANNA: Bin ich nicht die Menschheit? DER GOUVERNEUR. O, wie tanzen wir alle noch in der Macht und der Gier der Gegenwart. Wir sind noch nicht arm genug für die Zukunft! NAUKE: Ich bin verloren, wenn ich nicht mehr in der Gegenwart leben soll. Die Zukunft ist hoffnungslos. DER GOUVERNEUR: So hoffnungslos, dass sie verzweifelt ist. Die Verzweiflung muss über uns sein. — Wir haben noch zuviel Hoffnung, noch schlafen wir! — Verzweiflung über die Welt: aus ihr die Kraft, das Äusserste zu wollen! Das Schiff tobt an den Städten vorbei, und wir fürchten noch ihre Gefahr für unser Leben, unsern Willen. Und jetzt sage ich euch, Kameraden, wir müssen an Land! NAUKE: An Land? In die Pest, in die toten Städte? DER GOUVERNEUR: So

66

müssen wir die lebendige Stadt schaffen! Wir müssen durch den letzten Tod, durch den letzten Unrat, durch die erstickende Pestwolke. Wir müssen zu den Menschen!

DER KRANKE: O seht, wie lang ist es her, dass dies nicht mehr war: dort unten die Stadt! Türme und Häuser wie Kornähren dicht, und darunter klein: lebende Menschen! DIE MEUTERER: Die Stadt! Lebende Menschen! DER GOUVERNEUR: O meine Brüder, wir müssen hinein in das Schicksal, wissend! Was haben wir getan! Wir haben durch die Flucht und durch die Erniedrigung nur uns gewonnen. Nun müssen wir uns wieder verlieren. Wir sind zu sehr Selbst; wir haben noch ganz unser Ich. Wir müssen uns sprengen! Jetzt müssen wir zerstören! ANNA, DIE FRAU: Zerstören? DER GOUVERNEUR: Zerstören müssen wir unsere letzte Rettung. Zerstören müssen wir die Planken unter unseren Füssen. Wir müssen unsere letzte Sicherheit zerstören. Wir dürfen nicht mehr zurück. Wir dürfen nicht mehr fliehen können. ANNA: Was willst du tun? DER GOUVERNEUR: Wir müssen an Land und das Schiff zerstören. MEUTERER: Das Schiff zerstören? ANNA, DIE FRAU, KLOTZ, DER MANN: Nein! DER GOUVERNEUR: Wollen wir nicht die Befreiung? Wir befreien die Menschen nur, wenn wir als Freie zu ihnen kommen! ANNA: Aber das ist unser Tod! DER GOUVERNEUR: Nein, es ist unser Glaube für die Menschen! Wir müssen durch die grösste Versuchung, um alles zu verlieren! DIE MEUTERER: Land, Land!

Die Stadt! Der Hafen ist da! NAUKE: Der Hafen — Hilfe! Wir verrecken an der Pest! Fort vom Hafen! DER GOUVERNEUR: O ihr Brüder, zuerst müssen wir ganz verschmolzen sein, einig wie eine Wabe Honig, ein einziges aufblitzendes Feuerlicht in Liebe, eh wir den Menschen die Freiheit bringen. Brüder! Wir sind eins in Liebe! ALLE: Brüder! Liebe! DER GOUVERNEUR: Menschen! Wir glauben! ALLE: Wir glauben! NAUKE: Volldampf auf den Fluss! Rettung! — Nur weg vom Land! DER GOUVERNEUR: Welt! Unser Leib trägt die Freiheit um die Erde. Brüder, Kameraden, für die Menschheit werft ihr euer Leben fort, unser Glaube wirft uns in die Zukunft. ALLE: Freiheit! NAUKE: Freiheit zu leben — nicht zu sterben! Das Land kriecht schon über uns! Fort! Fort! DER GOUVERNEUR: Den letzten Besitz von uns Armen zerstör ich zur Freiheit. Frei geben wir uns der Welt hin. ALLE: Hingabe! DER GOUVERNEUR: Dieser Hebel sprengt unser Schiff — er ist heisse Glut. — Mut, Glaube! Wir können nicht mehr zurück. Vor uns die Stadt! Wir müssen an Land — wir dürfen uns nicht mehr aufs Schiff zurück retten! Ich sprenge das Schiff! — Hingabe! NAUKE: Nein! Um alles in der Welt: nicht der Hebel! Ich habs nicht für Ernst gehalten! Die Hand fort vom Hebel! *(Stürzt hinauf zur Kommandobrücke, um dem Gouverneur in den Arm zu fallen.)* DER MANN: Das Ufer! Hier ist das Land! Wir sind an Land! ALLE: Wir sind an Land! DER GOUVERNEUR: Zurück! Ich sprenge! Wer leben will: an Land!

ELFTE SZENE

*Der Gouverneur reisst am Hebel der Komman-
dobrücke. Das Licht verlischt. Alle stürzen vom
Schiff an Land, als Letzter der Gouverneur. Im
Dunkel fliegt das Schiff in die Luft. Hell. Alle stehen am Ufer.*

ALLE: Das Land! KRANKER: Steine unter
meinen Füssen! Wir sind an Land. NAUKE:
Hilfe, der Tod springt mir schon an den Hals!
DER GOUVERNEUR: Du lebst, glaube an deinen
Willen. NAUKE: Verloren! Das Schiff ist ver-
loren, wir können nicht mehr zurück! DER GOU-
VERNEUR: Gerettet. Zum ersten Mal frei! DER
KRANKE: Da — die Stadt ist vor uns! NAUKE:
Das ist die Wirklichkeit! Hilfe! Die Wirklichkeit!
DER MANN: In die Stadt! In die erste Freiheit!
ALLE: Die Stadt! — Die Freiheit!

Ende des zweiten Aktes

DRITTER AKT

In der belagerten Stadt

ERSTE SZENE

Drei Revolutionärinnen der Stadt

ERSTE REVOLUTIONÄRIN: Die letzte Schüssel Milch für alle. Was soll ich mit meinen Kranken machen? ZWEITE REVOLUTIONÄRIN: Wir selbst haben es noch gut. Aber meine Arbeiter in den Fabriken? DRITTE REVOLUTIONÄRIN: Ich bin schon ganz schwach. Und dabei die Männer immer wieder vertrösten, solang die Brotverteilung stockt! ERSTE REVOLUTIONÄRIN: Man kann keinem Menschen mehr ruhig ins Gesicht schauen, so kriecht diese Seuchenluft um einen. Die Männer fallen an den Barrikaden mit den Waffen in der Hand um vor Hunger, oder weil die Pest auf ihnen sitzt. DRITTE REVOLUTIONÄRIN: Kein Mensch hat mehr zu essen, wenn wir nicht sorgen! Wie lange können wir uns noch halten? Was sollen wir denn machen? ERSTE REVOLUTIONÄRIN: Wir müssen den Weg aus der Stadt finden. Sie verlieren sonst alles Vertrauen, das sie zu uns haben. DRITTE REVOLUTIONÄRIN: Wenn wir zu den Bürgerlichen hinüber kämen und mit denen verhandelten. ERSTE REVOLUTIONÄRIN: Wie sollen wir hinüberkommen? Ein Schritt über diese Barrikademauern und durch die Gräben, und wir sind erschossen wie unsere Männer!

ZWEITE REVOLUTIONÄRIN: Ich kann diesen Hunden kein gutes Gesicht machen, selbst wenn sie den Angriff gegen die Stadt liessen. Achtzigtausend Menschen haben sie uns aus dem Land geschleppt, achtzigtausend als Sklaven in die Bergwerke gesteckt, in ihren Kloaken ersticken lassen, geschlagen, gefoltert, zu Tode getreten, als Sklaven! Was, dazu haben die Unsrigen sich das Blut in den Adern verdorren lassen, vor Arbeit und Hunger und Müdigkeit und Krankheit, dass wir nun mit den Bürgern verhandeln!? Alles soll für nichts gewesen sein? DRITTE REVOLUTIONÄRIN: Aber es geht nicht weiter! Was soll man machen? Die Unsrigen halten es nicht länger aus. Und heut war ein Tag, das war noch nie. So eine Schwäche kam plötzlich über alle. Eine sinnlose Hoffnung wie bei Sterbenden!

ZWEITE REVOLUTIONÄRIN: Zum erstenmal hörte ich heut Gerüchte in der Stadt — als wenn sich etwas Grosses geändert hätte in diesem Elend! ERSTE REVOLUTIONÄRIN: Ich auch! ZWEITE REVOLUTIONÄRIN: Als ob ein Flieger aus der Luft hunderttausend Proklamationen abgeworfen hätte, die jedem das Glück versprachen. DRITTE REVOLUTIONÄRIN: Das ist viel unheimlicher als Fliegerzettel. Morgen sind sie alle aus Enttäuschung auf Gnade und Ungnade ausgeliefert! ERSTE REVOLUTIONÄRIN: Ausgeliefert, heisst „auf Ungnade". ZWEITE REVOLUTIONÄRIN: Es sollen Menschen in der Stadt sein, die keiner noch gesehen hat, sie gehen herum und muntern die Schwachen auf. Aber wer kann das glauben?

Fiebergerüchte. Wie sollen die hereingekommen sein? DRITTE REVOLUTIONÄRIN: Hinauskommen! Wie kommen wir hinaus? Kämen wir nur einen Fuss breit hinaus, so wär schon Hoffnung! ERSTE REVOLUTIONÄRIN: Hinauskommen — unmöglich. Wir sind hier gefangen. ZWEITE REVOLUTIONÄRIN: Gefangen! ERSTE REVOLUTIONÄRIN: Das erleben wir nicht mehr: die Freiheit. ZWEITE UND DRITTE REVOLUTIONÄRIN: Die Freiheit! DRITTE REVOLUTIONÄRIN: Die Freiheit sag ich? Wie kommt das nur aus meinem Mund! Blumen wieder zu sehen? Den Himmel über mir, Luft um mich? Mein Kleid über eine Wiese wehen? ERSTE REVOLUTIONÄRIN: Wie sind aber die Bürger aus diesem Schloss entkommen? Die Unsrigen haben niemand gefangen, nur die paar Diener, die als Wachen an den Toren standen! ZWEITE REVOLUTIONÄRIN: Die Bürger sind entkommen, und am ersten Tag, als der Aufstand losbrach. ERSTE REVOLUTIONÄRIN Dann müssen Ausgänge aus der Stadt heraus da sein! DRITTE REVOLUTIONÄRIN: Ich bin ganz schwach. Wir müssen suchen! ERSTE UND ZWEITE REVOLUTIONÄRIN: Suchen! Hinunter in die Gewölbe! DRITTE REVOLUTIONÄRIN: Hinunter. — Hast du Mut? ERSTE REVOLUTIONÄRIN: Jetzt fragt keine nach Mut. Hat auch keine von uns gefragt, als der Aufstand begann. Es ist das Letzte! ZWEITE UND DRITTE REVOLUTIONÄRIN: Hinunter! *(Die drei Frauen sind im Begriff in die Versenkung hinabzusteigen.)*

ZWEITE SZENE

Vorige / Anna

Anna *steigt aus der Versenkung herauf.*

DIE DREI REVOLUTIONÄRINNEN: Wo sind
wir? Dort ist es dunkel. — Halt, Geräusch! Ah!
— Wer ist da? (Anna *im Licht.*) DIE DREI
REVOLUTIONÄRINNEN: Wo kommst du her?
ANNA: Vom Flusse! ZWEITE REVOLUTIO-
NÄRIN: Wer bist du? Du bist nicht von uns!
ANNA: Ich komme zu euch. Man hat uns gehetzt
wie Fledermäuse im Licht. Wir schleichen tage-
lang durch Löcher, Schutthaufen von Häusern,
durch Keller und Gänge zu euch. Unsere Brüder
dringen durch die Mauern und Steine zu euch in
die Stadt, wie Wassertropfen durch Erdreich.
ERSTE REVOLUTIONÄRIN: Ihr kommt zu
uns? Und wir wollen hinaus! ANNA: Ihr wollt
hinaus? Wohin wollt ihr? DIE DREI REVOLU-
TIONÄRINNEN: Zur Freiheit. ANNA: Ich bringe euch die Freiheit! DIE DREI REVOLUTIO-
NÄRINNEN: Die Freiheit? ANNA: Warum
zweifelt ihr! Vor einer Wundersekunde nur wart
ihr noch so sicher in eurer Freiheit. ERSTE RE-
VOLUTIONÄRIN: Die Stadt ist bedeckt von
schwarzer Luft, Tausenden, an glatter Haut brechen plötzlich Wunden stinkend auf, Abgezehrte
fallen in die Knie und bleiben tot liegen; die Seu-
chen wie vom Feind gesandt, blasen Signale durch
die Häuser — und ich bin gewählt, für die Spi-
täler zu sorgen. Ich bin zu schwach. ANNA: Bist
du zu schwach? Das ist gut. Dann wirst du ein-

mal stärker sein als du jemals gehofft hast! ZWEI-
TE REVOLUTIONÄRIN: Was kann ich noch tun?
Wir haben in den Fabriken keine Kohlen mehr,
keinen Strom, die Treibriemen sind dürr und fett-
los und reissen am Rad, die Sicherungen brechen
im Metall und saugen die Arbeiter in den Tod.
Können wir denn noch arbeiten? Was kann ich
machen? DRITTE REVOLUTIONÄRIN: Brot
brauchen sie! Brot! Nur dies erste. Das Brot. Es
ist nichts da. Nichts mehr. Diese Freiheit ist die
Verantwortung, die auf jedem Menschen liegt. —
Ich kann nicht länger an ihr tragen. Wer bin ich
noch? Ein Nichts. Für die andern — eine Lüge.
ANNA: Wo seid ihr, Schwestern? Ihr seid fern von
euch. Ihr brecht zusammen unter Kindern, die
nicht eure Geburten sind. Ihr seid nur noch die
Buchstaben eurer Namen. Ihr seid Beamte, Mini-
ster, Leitende — aber rollte das aus euch? Müsst
ihr erst euch noch mit eurem Hirn hersagen, dass
ihr lebt und handelt für die Idee? O, dann seid
ihr verloren! Das erste Geständnis vor euch selbst,
und ihr seid verloren, die Stadt verloren, die Freiheit ist verloren! ERSTE REVOLUTIONÄRIN:
Unser grösster Mut war, dass wir die Verzweiflung
verbargen. Da unten, das Volk glaubt uns stark —
wüssten sie, wie wir uns fesseln, um nicht in den
Wahnsinn des Nichts auszubrechen, so würden sie
an Hoffnungslosigkeit sterben wie Regenwürmer
auf ausgedörrtem Stein! ANNA: Aber ihr seid
verloren, wenn ihr euch vom fremden Sinn lenken
lasst! Ihr wollt die Freiheit? Ihr selbst seid die
Freiheit: Ihr braucht nicht zu flüchten, ihr braucht

nichts zu verbergen. Wie? ihr leitet? ihr verfügt?
Ihr versammelt, ordnet an, gebt Aufträge, seid
Zahlen-Nenner, macht Zahlen? In welcher alten
Welt lebt ihr? Wollt ihr die Kadaver eurer selbst
bleiben? ERSTE, ZWEITE, DRITTE REVOLU-
TIONÄRIN: Was sollen wir tun? ANNA *(zur
ersten):* Lass deine Krankenhäuser. ERSTE RE-
VOLUTIONÄRIN: Ah — aber sie werden zerfallen! ANNA: Die Kranken werden gesund, du
wirst sie pflegen! — *(zur zweiten:)* Lass du deine
Fabriken! ZWEITE REVOLUTIONÄRIN: Und
die Arbeit, die stillsteht? die Leere, dieses Elend,
wenn nichts mehr gemacht wird? ANNA: Sie soll
stillstehen. Du selbst wirst arbeiten! — *(zur dritten:)* Kümmere du dich nicht mehr ums Brot!
DRITTE REVOLUTIONÄRIN: Hunger! Hunger!
Weisst, was du herbeirufst: Hunger! ANNA: Du
backe selbst Brot! Das Volk braucht euch nicht!
Ihr brauchtet die Andern, weil ihr euch selbst
braucht!
ZWEITE REVOLUTIONÄRIN: Aber das ist Auflösung! ANNA: O wär sie doch schon unter uns
in der Stadt, die helle, ehrliche Stille, das Atem-
anhalten der Treibriemen! ERSTE REVOLUTIO-
NÄRIN: Und sind wir dann noch nütze? Wird
diese Stille nicht uns selbst verschlingen? ANNA:
Wir sind nicht allein. Glaubt ihr, dass wir auch
nur stehen könnten, wenn nicht aus allen Städten
der Welt Arme zu uns sich herüberstreckten! In
alle Mauern hinein bohren sich Augen, hinauf
in den Himmel brennen Augen. Zu uns, zu uns!
Zu uns blitzen sie her, verzweifelt, so wie ihr ver-

zweifelt seid. Jeder Schrei, der aus uns auffliegt, kommt aus den Millionen Mündern. Glaubt nicht, wir hätten nur Kraft, wenn wir in Regimentern einher stampfen. Blickt hindurch durch die Mauern, springt über die Grenzen! Stürzt zu allen Frauen, die lieben! Millionen Frauen in jedem Land stehen wie auf einsamer Insel, um sie strudelt Verzweiflung, sie warten auf euch. Millionen sind da, bebend bereit zu unserm Kampf! Blickt hin, wie diese Erdkugel von Frauen, eng gedrängt starre Leiber, und doch noch unverbunden, aus dem Dunkel aufsteigt, noch geschlossene Augen, gekreuzte Hände, noch ein enger Riesenfriedhof von Haarkränzen, aber ein Schrei aus euch, ein Schrei zu Verwandten: die Arme breiten sich, Augen in tiefer Kraft finden euch, und ein Herzschlag gemeinsam zittert durch die Haut der Erde, dass einen Atemzug lang jede Hand still hält, jede Arbeit ruht, jede Fabrik versinkt, jeder Mörderschuss kraftlos vor den Lauf zu Boden fällt. ZWEITE REVOLUTIONÄRIN: O, und wie werden sie essen? ANNA: Du wirst es ihnen nicht geben, wenn du nichts anderes tun als sie nur führen willst! Treibe sie, meine Freundin, sei unter ihnen, hauche ihnen Erregung ins Gesicht, dass sie es einen Tag lang vergessen. Ein Tag nur, ein einziger Tag Ruhe, ein Tag Stille aller Menschen auf der Erde, und diese alte Welt ist verwischt; eure Mauern und Gräber treiben die Feinde selbst zurück, ohne dass einer von uns die Hand regt. Ein Tag nur ganz eure Kraft, euer Lächeln, euer Duft, euer Atem!

DRITTE SZENE
Vorige / Das Volk *draussen*

DAS VOLK *(draussen Bewegung):* Hunger! DIE DREI REVOLUTIONÄRINNEN: Das Volk! Sie warten auf uns! Was rufen sie? DAS VOLK *(draussen):* Hunger! ERSTE REVOLUTIONÄRIN: Ich höre: Hunger! ZWEITE REVOLUTIONÄRIN: Was sollen wir tun? DRITTE REVOLUTIONÄRIN: Sie hoffen auf uns. Wir können sie nicht im Stich lassen. ZWEITE REVOLUTIONÄRIN: Wir müssen an die Arbeit. DRITTE REVOLUTIONÄRIN: Wir können nicht hierbleiben. Sie warten auf die Neuordnung der Verteilung. ANNA: Ihr müsst zu ihnen. Ihr durft sie nicht tauschen mit neuen Verfügungen. Ihr müsst unter ihnen sein, und ihnen helfen. Helfen zum ersten neuen Tag der Welt. VOLK *(draussen):* Hunger! *(Schläge an der Tür.)*

VIERTE SZENE
Vorige / Der junge Mensch

JUNGER MENSCH *(tritt auf):* Wir können nicht länger warten. Alle Quartiere sind zur neuen Verteilung der Arbeit bereit. DRITTE REVOLUTIONÄRIN: Ich glaube, wir haben nichts zu verteilen. JUNGER MENSCH: Ihr habt nichts? ERSTE REVOLUTIONÄRIN: Nichts. JUNGER MENSCH: Ihr seid noch nicht fertig, während wir auf euch warten? DRITTE REVOLUTIONÄRIN: Wir wollen nicht. JUNGER MENSCH:

Wollt nicht? Luft schlägt an mein Ohr? ZWEITE REVOLUTIONÄRIN. Wir retten euch. JUNGER MENSCH: Mit nichts! ERSTE REVOLUTIONÄRIN: Wir helfen! JUNGER MENSCH: Bin ich unter den Führerinnen? Wisst ihr, was euch erwartet? Auf euch haben wir unsere Verteidigung gestellt. Und nun nichts? ZWEITE REVOLUTIONÄRIN: Wir treten von der Leitung der Arbeit zurück. JUNGER MENSCH: Zu spät! ANNA: Nicht zu spät für die Menschheit! Jetzt seid ihr bereit! ERSTE REVOLUTIONÄRIN: Ich gehe. In mir brennt das Blut einer neuen Erde. Freundinnen, zum erstenmal bin ich glücklich!

Die drei Revolutionärinnen gehen ab
Nach einem Augenblick draussen: Ungeheurer Lärm
des Volkes

DIE STIMME DER ERSTEN REVOLUTIONÄRIN: Menschheit! DIE STIMME DER ZWEITEN REVOLUTIONÄRIN: Drüben . . . leben . . . die Schwestern!

Lärm des Volkes
Stille draussen

FÜNFTE SZENE
Vorige, ohne die drei Revolutionärinnen,
und das Volk

JUNGER MENSCH *(zu Anna)*: Du bist das! Was soll das! Wer bist du? Feinde werden beseitigt! ANNA: Du siehst aus wie ein Freund. JUNGER MENSCH: Du sprichst, als hättest du ein eigenes

Recht — und bist doch genau wie alle anderen Frauen. Heute machen wir keinen Unterschied mehr! ANNA: Gerade weil ich bin wie alle andern, spreche ich mit meinem eigenen Recht zu dir. JUNGER MENSCH: Du bist nicht schön. Aber etwas an dir reizt einen Mann. Komm! ANNA: Du bist offen und schnell. JUNGER MENSCH: Was bleibt einem heute? Vielleicht ist man eine Stunde später tot. ANNA: Meine Zeit ist um. Leb wohl. Nun muss ich fort. JUNGER MENSCH: Schon? Warum schon? Komm zu mir, ich weiss einen Platz für uns. ANNA: Nein, ich kenne einen besseren als dich! JUNGER MENSCH: Oh. Alle sind wie ich, es ist gleich. ANNA: Weisst du nichts Besseres von dir? Alle Frauen sind wie ich. Auch das ist gleich. Du brauchst nicht mich. Aber ich such einen, der leben will, nicht sterben. JUNGER MENSCH: Wie soll das einer heute wissen? Es ist gleich. ANNA: Du musst es wollen. JUNGER MENSCH: Das kann unsereiner nicht mehr, dazu haben wir keine Zeit. ANNA: So schaff dir die Zeit. JUNGER MENSCH: Ich muss arbeiten.

ANNA: Wahnsinn, wenn ich euch höre! Du Armer. Hast du denn noch das Auge, mich anzusehen? JUNGER MENSCH: Es ist wahr. Ich habe mehr eine Lust von dir herüber gespürt. Ich sehe dich jetzt zum erstenmal an. ANNA: Hast du schon deine Hände zum erstenmal angesehen? Hast du schon deine Arbeit zum erstenmal angesehen? Deine Maschine? Deine Fabrik? Deinen Weg am Morgen bis zur Nacht? Deine Genossen?

Deine Stadt? Die Welt draussen? JUNGER MENSCH: Und die Arbeit? ANNA: Die Arbeit ist euer Tod! JUNGER MENSCH: Ah — nein, das weiss ich schon: wie sollen wir uns anders aufrecht erhalten? ANNA: Ihr haltet eure Feinde aufrecht, die Bürger. JUNGER MENSCH: Wir können heute nicht mehr anders als arbeiten.

ANNA: Dazu hat dich deine Mutter geboren, dass du nicht mehr anders kannst, dass du gehorchst, dass du nicht weisst, was du tust? Du hast ja nicht einmal Zeit und Freiheit, mich anzuschauen und deine Arme um meinen Hals zu legen! Deine Arme? Deine Arme wissen längst nichts mehr von dir seit deiner Kindheit — deine Beine sind nur noch zum Stehen an der Maschine gut, dein Bauch zum Verdauen, dein Glied zum Krankheitverbreiten und zum Zeugen von Kindern, die so jämmerlich leben wie du selbst, und dein Kopf um über der toten Beschäftigung deines Körpers zu wachen. Du weisst nichts von dir, du weisst nichts von mir. Was hast du vom Leben? JUNGER MENSCH: Und wenn ich heute aufhöre? Morgen ist es wieder das Gleiche. Wir können nicht mehr heraus. ANNA: Nein! Du bist nicht allein. Ihr alle müsst aufhören. Ihr müsst alle einmal wieder wissen, woher ihr kommt, dass ihr lebt, dass ihr Freiheit habt, zu tun, was ihr wollt und nichts zu tun. Sieh mich an. Bei mir hast du mehr als Lust: Du hast die Freiheit.

JUNGER MENSCH: Ich höre schon in meinem Ohr eine andere Antwort rauschen, als ich dir sagen wollte. Aber ich bin nicht allein, ich halte fest.

80

Wenn wir aufhören zu arbeiten, dann überrumpelt der Feind uns wie Kinder. Binden werden uns die Bürger, fortschleppen, ermorden oder in die Bergwerke schmeissen und zur Todesarbeit peitschen, sie würden in die Stadt dringen, ohne Widerstand zu finden. ANNA: Ja, mein Freund, mein Geliebter, lass mich deine Hüfte fühlen! Sie würden kommen, ohne Widerstand zu finden. Wie durch Kissen würden sie gehen, auf Weichem würden sie schreiten — und darin versinken! Auf unheimlich Weichem würden sie schreiten müssen! Einer nach dem andern aus ihrem Heer sinkt ein in eure Widerstandslosigkeit, einer nach dem andern lässt die Hände sinken vor euren ruhenden Händen. Einer nach dem andern hungert neben eurem Hunger. Einer nach dem andern wird umgurgelt von der steigenden und steigenden Flut der Gewaltlosigkeit. Schaut hin, ihr hattet die Feinde mitten unter euch, und während sie noch um sich schlugen, fielen ihnen die Waffen aus den schreckzitternden Händen. Sie waren wissend geworden. Sie waren wissend geworden von sich — durch euch. Die Feinde sind zersplittert, versunken, die Bürger sind verschwunden. — Ihr habt die neuen Brüder unter euch! JUNGER MENSCH: Komm, ich weiss einen grünen Rasen mit Büschen am Wasser. Dieser Abend wird so schön, die Sonne ist noch rötlich da. ANNA: Du weisst es heut zum erstenmal. Komm — ich muss bald fort, zu den Brüdern. JUNGER MENSCH: O, warum so schnell! Kommt mit mir! Nimm dir doch Zeit, Zeit, Zeit! Was hindert uns? Mach dich frei, wie ich! ANNA: Nun weiss ich, dass die Erde nicht verloren ist! — Komm. *(Beide ab.)* JUNGER MENSCH *(im Abgehen)*: Frei! Frei! Keine Hand arbeitet mehr! *(ab.)*

SECHSTE SZENE

Nauke / Der Führer der Bürger

Aus der Versenkung die Stimme des Nauke *und des* Bürgers.

STIMME DES FÜHRERS DER BÜRGER: Das ist Licht. STIMME DES NAUKE: Natürlich ist da der Ausgang, ich wusste es ja! STIMME DES FÜHRERS DER BÜRGER: Aber wenn wir mitten hinein unter sie geraten? Kann ich dir auch trauen? STIMME DES NAUKE: Ihr habt mir solang getraut, wenn ihr's jetzt nicht mehr tut, ist es zu spät! STIMME DES FÜHRERS DER BÜRGER: Geh du vor! STIMME DES NAUKE: Wieder zu spät. Ich bin dir durch den ganzen Gang vorausgekrochen, jetzt könnt ich beim besten Willen nicht hinter euch gehen!
NAUKE *(steigt aus der Versenkung herauf)*: Niemand. Wir werden nicht überrascht. DER FÜHRER DER BÜRGER *(steigt hinter* Nauke *herauf)*: Das war eine verfluchte Wanderung, stundenlang durch den engen, schleimigen Gang! NAUKE: Was willst du? Was redest du? Ich hab vor euch den Dreck im Gang an meinen Kleidern aufgewischt, und jetzt ist es euch nicht fein genug gewesen. Bin ich dir vielleicht selbst zu schmutzig? FÜHRER DER BÜRGER: Du nennst mich du?

NAUKE: Ho, Bürger, man nennt jeden du, mit dem man etwas durchgemacht hat. FÜHRER DER BÜRGER: Du hast mir versprochen, dass du mich zu den Führern bringst. NAUKE: Ich hab schon einmal gesagt, ich nehme keine Belohnung. Ich tu's aus reiner Menschenliebe. Verhandlungen, ja. Geheime Verhandlungen: wunderschön. Aber ihr wollt doch nicht etwa spionieren? FÜHRER DER BÜRGER: Spionieren, mein Freund, da hätt' ich dich gebeten — tätest du das nicht auch aus reiner Menschenliebe? NAUKE: Was heisst das? Was wird das? Bürger, du beleidigst! Du hast mich drüben am Ufer angeredet. Du hast mir gesagt, dass du zu den Revolutionären gehen willst, um sie mit euch zu versöhnen, aber ohne öffentlichen Lärm, ohne starre Haltung, als einfacher Mensch. Ich habe dir den geheimen Zugang zur Stadt gezeigt, denn du hast mir geschworen, dass du nicht Missbrauch triebest. Alles um der Versöhnung willen. Du weisst es. Warum sprichst du nun krumm? Denke dir, hättest du es nicht mit mir zu tun, ein anderer hätte dir schon lang eine auf den Kopf gegeben. FÜHRER DER BÜRGER: Eben weil ich es mit dir zu tun habe! Selbst wenn ich spionieren würde, geschähe es nur zum Besten der Revolutionäre. NAUKE: Das ist mir zu hoch. Du bist doch ihr Feind? Warum rückt denn ihr Bürger aus und belagert sie? FÜHRER DER BÜRGER: Eben zum besten der armen, unwissenden Revolutionäre. NAUKE: Sie können selbst wählen, was ihnen zum besten ist. FÜHRER DER BÜRGER: Nein, dafür denken sie zu einfach. Sieh, man muss doppelt denken können, wie wir, dreifach denken muss man können, nach jeder Seite hin. Kannst du doppelt denken? NAUKE: Nein, ich kann nur ganz einfach denken, und auch das nur mit Mühe, ich gestehe!

FÜHRER DER BÜRGER: Siehst du! Wir haben gelernt, auf soviel Arten zu denken, wie es Zahlen und Menschen gibt. Für jeden etwas. Darum wissen wir Bürger besser, was für die Revolutionäre gut ist, als sie selbst. Sie müssen sich mit uns versöhnen. Aus Menschenliebe! NAUKE: Versöhnen, Menschenliebe? Das versteh ich. FÜHRER DER BÜRGER: Sie müssen damit anfangen, weil wir es besser wissen. NAUKE: Das versteh ich nicht mehr. Das ist gewiss schon das doppelte Denken. FÜHRER DER BÜRGER: Wir werden jedermann das doppelte Denken lehren, auch dich, mein Freund. Wenn erst alle Revolutionäre doppelt denken, nach rechts und nach links, dann ist die Revolution zu Ende, alle sind wie wir, und das Leben im Paradies beginnt. NAUKE: Das Leben im Paradies? Was muss ich tun, damit wir schnell dazu kommen?

FÜHRER DER BÜRGER: Du musst zwei Gesichter machen. Eins für sie und eins für uns. Freund, ich kenne dich, ich weiss wie gut du es meinst. Damit das Glück bald kommt, müssen alle Revolutionäre auf unserer Seite sein. Damit sie auf unserer Seite sind, müssen sie in unseren Händen sein. Damit sie in unseren Händen sind, müssen sie uns ergeben sein. Das ist doch alles ganz klar. Und ergeben sind sie, wenn sie ahnen, wie stark wir sind, und wenn sie schwach werden. NAUKE: Stark sein — und schwach werden? Das hab ich schon gehört, das sagten schon die Brüder auf dem Schiff. Ich glaube, du bist mein Mann! FÜHRER DER BÜRGER: Das weiss ich längst. — Damit sie bereit werden, müssen sie Tag und Nacht unablässig an der Maschine liegen. Unterdessen beraten wir uns mit ihren Führern, und ziehen sie auf die Seite der Versöhnung. Wir erkunden die Hilfskräfte und die Zugänge der Stadt — warum gleich spionieren sagen?! — dann kommen wir. Dann haben wir sie, dann belehren wir sie und dann beginnt das Paradies. NAUKE: Dann beginnt das Paradies? Und was kann ich dazu tun? FÜHRER DER BÜRGER: O viel, mein Lieber. Du gehst in die Fabriken, und machst dein fröhlichstes Gesicht: hundertfache Arbeit. Und dann vor allem die Getreidespeicher, sehr wichtig, eine Zündschnur — puff, die ganze Bude fliegt auf! Sie müssen hungern, dass sie die Fliegen an der Wand beneiden. Dann gehst du zu den Kämpfern und machst ihnen begreiflich, wenn sie aufhören die Revolution zu verteidigen, und uns endlich herankommen lassen, oder wenn sie gar wie du, mein lieber Freund, — zu uns herüberkommen, dann beginnt das Paradies! Und vor Allem: Wir liefern das Essen! Du sagst ihnen: Alles Essen, was nicht von uns kommt, ist vergiftet. Nur wir haben das gute Essen! NAUKE: So viel auf einmal, das ist gewiss das doppelte Denken! Du hast mich damals gewonnen, damit ich dich zu den Führern bringe, für die Versöhnung. FÜHRER

DER BÜRGER: Aber wie? du willst dich davonmachen? Hast du denn kein Gewissen? Du musst doch mitarbeiten am Paradies? Tu du, was ich dir gesagt habe, dann wirst du ein ganz grosser Mann sein! NAUKE: Mein Gewissen, mir ist unheimlich. FÜHRER DER BÜRGER: Das ist noch dein altes, dummes, billiges Gewissen. Ich lehre dich doch gerade unser neues, feines, doppeltes Gewissen! Jetzt den Weg zu den Führern. Mit denen werd ich schon fertig. NAUKE: Den Weg zu den Führern. Ich bring dich. FÜHRER DER BÜRGER: Zeig ihn mir, ich finde ihn. Du hast anderes zu tun! Sag du den Revolutionären, was ich dir gesagt habe. Dann werdet ihr alle glücklich! (Der Führer der Bürger und Nauke im Abgehen.) NAUKE (im Abgehen): Hundertfache Arbeit, lustiges Gesicht in den Fabriken, Getreide hoch, Hunger, Versöhnung, den Anfang machen: das hab ich schnell gemerkt, das war wie auf dem Schiff. Aber dann: Ausliefern, zu den Bürgern übergehen! das kommt hinzu. Das doppelte Gewissen — das ist neu. Und dann kommt das Paradies! (Beide ab.)

SIEBENTE SZENE

Der Gouverneur und der Mann treten in Eile auf

DER MANN: Hier gingen sie. Es ist kein Zweifel. DER GOUVERNEUR: Du bist sicher, dass es Nauke war? DER MANN: Mit einem Feinde! DER GOUVERNEUR: Was ist das? DER MANN:

Verrat! Die Stadt ist verraten! DER GOUVER-
NEUR: Verraten? DER MANN: Verraten. Mehr
noch, es ist nicht zu fassen: Von einem der Uns-
rigen. Wir sind verraten! DER GOUVERNEUR:
Schlimmer! Wir sind auch die Verräter! DER
MANN: Unmöglichkeit! Zusammensturz! Raserei!
Woher kommen wir? Welches Recht haben wir,
zu leben? Wenn das möglich war, hat alles keinen
Sinn mehr! Wenn das möglich war, hat nichts je
Sinn gehabt. Dann sind wir Betrüger, Betrüger!
DER GOUVERNEUR: Du weisst, dass es Sinn
hat, du weisst welchen Sinn. Aber vielleicht waren
wir lässig, vielleicht hochmütig, Verrat ist Missverständnis. Dass Missverständnis möglich war? —
vielleicht hatten wir zu wenig Liebe? — Immer
wenn die Stunde gross wird, kommt Verrat. Gerade den Verrat muss man überwinden. DER
MANN: Wie? DER GOUVERNEUR: Ihn un-
wichtig machen. Verrat kann nur gegen die Per-
son gehen. Aber verrate du das Volk? unmöglich.
Wir müssen den Verrat aus der Welt schaffen.
DER MANN: Aber er ist geschehen. DER GOU-
VERNEUR: Wir laufen ihm entgegen, wir kommen ihm zuvor, wir überbieten ihn. Wir stellen
uns ihm. DER MANN: Verhandeln mit den
Feinden, den Bürgern, den Generälen? DER
GOUVERNEUR: Nein, nicht verhandeln. Wir
geben uns dem Feind. Er fordert — wir geben
alles. Er fordert Waffen, wir legen sie hin. Er
will Geld, wir geben ihm, was da ist, er will Speise,
wir geben ihm die unsere. Er will unser Leben,
wir zeigen ihm, dass wir es opfern. Er kann nichts

mehr fordern. Er ist allein, und ihm bleibt nur noch zu verlangen, dass er werde wie wir selbst. — DER MANN: Und das Volk? DER GOUVERNEUR: Wir geben zurück, was wir vom Volk empfingen. Wir bringen ihm Brüder, aber solange die Brüder noch Feinde sind, werfen wir uns vor sie, und wir opfern ihnen unser Schicksal! — Zu den Feinden! — Ich kreuze ihren Angriff. Ich laufe durch die Stadt, und wo ich nur einen Windstoss von bürgerlicher Luft wittre, da tret ich hin, als ein Mensch, der die Ehre der Vergangenheit nicht mehr hat. — Ich gehe zu den Feinden, den Gang der Selbstvernichtung. *(Gouverneur ab.)* DER MANN: Du gehst den Gang der Liebe. Ich gehe zum Volk, den Gang der Zerstörung.

ACHTE SZENE
Der Mann / Klotz

KLOTZ *(stürzt auf)*: Ich bin zu euch quer durch die ganze Stadt gerannt. DER MANN: Dass du kommst! — Dein Auge, dein Mund, ob dieses Volk reif ist? — KLOTZ: Spring heraus aus deiner Hirnwelt, Freund! Wir müssen unter sie, arbeiten, als hätt' jeder von uns tausend Leiber — sonst wär alles verloren! Aus Kellerlöchern komm ich her, von Unratswinkeln, aus Versammlungen, suchte euch zusammen. Sie plündern, Menschen sind erschlagen, eigene Genossen auch. Raub wo ein Bissen. Ein Zündholz ist Besitz. Und dabei geht die Arbeit weiter. Eine unsichtbare Hand greift in die Massen und treibt sie gegen ein Haus. Durchsuchung. Zwei Schritte daneben läuft das Leben, als sei seit Unendlichkeit nichts verändert. DER MANN: Und alles spielt den Bürgern in die Hände? KLOTZ: Das alles spielt den Feinden in die Hände. Wenn nicht, eh noch die Bürger in die Stadt dringen, eine Umkehr kommt, ungeheure Umkehr geschieht, dann ist das Volk verloren. Zerhackt wird alles, erstickt die Freiheit. DER MANN: Kamerad, ist's jetzt nicht gleich, was geschieht? Wird nicht ewig in diesem Volk die Idee leben, wird nicht unsterblich unter ihnen die Freiheit umhergehen? KLOTZ: Nein, nein, nein! Das Schlimmste kommt, das Entsetzlichste: eine Sklavenhorde. Die Freiheit wird ewig gestorben sein. Wir taten noch nichts, nun müssen wir alles tun. DER MANN: Alles tun, Kamerad. Ja, alles in einem Augenblick. KLOTZ: Betrug! Wer das sagt: Alles oder nichts! — denkt alles und bleibt beim Nichts. Schritt für Schritt musst du vorgehen. Dein Leben hingeben ganz an die Tat — selbst ohne Freude, nur um es zu geben!

DER MANN: Aber Plündern sagtest du! Raub! sie morden! Wo bleibt das ewige Bild des Menschen, wo bleibt unsere ewige göttliche Abkunft, wo bleibt das freie Menschenleben, dafür wir herkamen? Ich werfe mich ihnen vor den Weg! KLOTZ: Nein, nie! Halte sie nicht. Wenn du sie hältst, wenn du ihnen Licht predigst, um sie zurückzuhalten, dienst du der Finsternis. DER MANN: Aber Mord? Sie dienen dem Teufel. KLOTZ: Nein, sie dienen Gott. Sie müssen hindurchgehen durch die Niedrigkeit, um die Niedrigkeit zu erkennen. Sie müssen sich beflecken, um Reinheit sehen zu können. DER MANN: Aber wofür zertrümmern sie? Wir, wir sind Brüder der Gemeinschaft. Wir kämpfen für die Menschheit. Aber sie, ihr Leben ist eine Blutlache. Und wofür? KLOTZ: Auch sie für die Menschheit! DER MANN: Und wir? Was müssen wir also tun? KLOTZ: Uns opfern. DER MANN: Untergehen? Befreit von der Welt? KLOTZ: Nein, nicht befreit von der Welt, sondern mit der Last aller Weltkugeln des Himmels auf den Schultern. Nicht untergehen, sondern unter sie geben. Einer von ihnen werden. DER MANN: Wie — mit ihnen morden? In welchen reissenden Absturz setzte ich den Fuss! KLOTZ: Nicht das Morden! Wir morden nicht. Nein — breite die Arme und schwimm unter ihnen. Du musst ihre Welle verstärken, dass ihr grosser Gleichstoss durch dich rinnt und nur mit dir noch lebt! DER MANN: Aber wir sind die Führer. KLOTZ: Lausche auf die Stimmen, die aus dem Dunkel ans Tageslicht steigen. Höre das Geheimnis der Erde: Es gibt keine Führer. Führertum ist Betrug! Du musst ein Teil sein, eine geringe Zelle von ihnen; ein Zucken nur in ihren Muskeln. DER MANN: Und das Letzte? Die Ewigkeit? Das Unbedingte, daran nichts abzuschneiden ist? Die Freiheit? KLOTZ: Mann, nur zu ihm musst du! Zum Letzten, Höchsten, wovon wir stammen. Aber hindurch musst du zu ihm durch unsere endlichen, zeitlichen, befleckten Leiber, durch die Schwierigkeit des Kleinen, durch den Schweiss der Sünde. Alles musst du wollen, die allerletzte grösste Freiheit der Menschen, so gross, dass sie selber die Erdkugel durch den Raum schicken können — musst es wollen, und musst wissen, dass du es nach und nach erst machen wirst, von Volk zu Volk, Stadt zu Stadt, von Mensch zu Mensch. Hart ist das. Zu dem unendlichen Glück der Menschheit müssen wir durch den ganzen Trümmersturz des Menschseins. DER MANN: Und du meinst, das ginge so leicht? Die Idee umgibt uns mit einem Stachelpanzer, wir können ihr nicht folgen, ohne unsere Umgebung zu verwunden. KLOTZ: Dreh ihn um den Stachelpanzer; verwunde nicht die andern, stich dich selbst! Unser Opfer müssen wir bringen, unser eigenes Opfer, DER MANN: Abtreten? KLOTZ: Mehr, mehr, das ganze Dasein geben! Wir waren die Führer, wir ragten auf, sandten Ströme von uns, die die Massen bewegten. Das war unsere Sünde! Die Welt wird neu. Wir haben kein Recht mehr, zu sein. Wir dürfen nicht mehr da sein. Über uns hinweg muss die Freiheit kommen. Nicht wir mehr befreien die Menschen, sie selbst tun es auf unserem Leib. Das Opfer unseres Lebens ist unsre letzte Wahrheit — unsere erste Tat. Wir müssen dahingehen, verschwinden — durch das Volk! DER MANN: Verschwinden durch das Volk. Die Welt, aus der wir kamen, ist versunken. KLOTZ: Das Opfer unsres Lebens durch das Volk: Das erst ist deine Liebe! Und nur dann wird unser Blut in ihnen kreisen, dann erst wird unser Herzschlag im Volke ein Riesenstoss zum göttlichen Geiste sein. DER MANN: Durch unser Opfer wird die Welt neu! So lauf ich mit ihnen? Rase mit ihnen durch die Strassen, breche Türen auf? Schreie mit ihnen „Hunger!"? KLOTZ: Du schreist „Hunger!" mit ihnen, und du weisst: Freiheit.

NEUNTE SZENE

Vorige / Das Volk *(draussen)* / Später die Frau / Zwei Gruppen des Volkes / Der Greis / Der Bucklige / Der Krüppel / Ein Junge

DAS VOLK *(draussen)*: Hunger!
(Die Frau *bricht herein, hinter ihr und um sie ein Knäuel von* Volk. Im Volk: Junge Burschen, Greise, Männer, *der* Bucklige, *der* Krüppel *und* die beiden alten Gefangenen.)
DIE FRAU: Verloren! Verloren, wenn wir nicht retten! Die Führer sind weich, verhandeln. Die Bürger sind in der Stadt: in allen Ecken stecken sie mit den Führern. Das Volk wird verraten, wie man eine Nuss vom Baum schüttelt. STIMMEN AUS DER EINEN GRUPPE DES VOLKES: Hierher. Ihr nach! STIMMEN AUS DER ANDERN GRUPPE DES VOLKES: Warum ihr nach? Wir kennen sie nicht! STIMMEN AUS DER ERSTEN GRUPPE: Eine Frau! Die weiss immer wo es Essen gibt! STIMMEN AUS DER ANDERN GRUPPE: Ihr seid Opfer bei jedem Verrat! STIMMEN AUS DER ERSTEN GRUPPE: Ihr seid Opfer bei jeder Lüge! DER MANN: Lüge und Verrat! Ihr seid mitten drin! EIN GREIS AUS DEM VOLK: Was können sie uns antun? Wir haben nichts zu geben.

EIN JUNGE AUS DEM VOLK: Wir können's nur besser haben. DER KRÜPPEL: Lüge — war das erste freundliche Wort, das haben wir noch nie gehört. DER BUCKLIGE: Nie gehört? Wir haben nichts anderes gehört. So haben sie uns immer gefangen! DER JUNGE: Es ist gleich. Wir haben nichts zu verlieren! DER GREIS: Nichts zu verlieren! Du Nachschwätzer! Du Lügner! Alles, alles: Das Leben! Das Leben! Das Leben! — Könnte man sich endlich doch ausruhen! DER MANN: Ausruhen! Ihr sollt ausruhen! Die Hände sinken lassen, sie beschauen. Nicht in gespanntem Zittern warten auf den nächsten Pfiff zur Arbeit. DER GREIS. Und leben? DER MANN: Dann gerade werdet ihr leben. Aber so leben die Feinde von euch!

DER BUCKLIGE *(zu Mann, Klotz, Frau):* Was tretet ihr uns entgegen? Was wollt ihr von uns? DAS GANZE VOLK: Was wollt ihr von uns? DIE FRAU: Ah! Misstrauen! DER MANN, KLOTZ: Misstrauen! ERSTER GEFANGENER: Halt, es sind Kameraden! Ich bürge für sie. Ihr kennt mich. Meine Jahre sind im Gefängnis geblieben, für euch. Ihr wisst es. DER BUCKLIGE: Vergangenheit. Das gilt nicht mehr. Wir haben nichts von euren Gefängnissen. DER KRÜPPEL: Ihr seid selbst Bürger! Ihr seid so fern von uns wie die andern: ihr seid gerad so glatt und lau wie sie! KLOTZ: Lau? Wer ist lau? Du, Volk, bist weich und sie machen mit dir in ihren Händen was sie mögen! DAS VOLK: Wir wollen Leben! Leben!

ZEHNTE SZENE

Vorige / Nauke

NAUKE *(stolpert herein mit einem Pack Papier in der Hand):* Ich habe es! Ich habe es! Ich habe es! Ich habe Essen für jeden. DAS VOLK *(stürzt auf ihn):* Flugblätter! NAUKE: Ich weiss Essen! Ich weiss gute Leute! Es ist für jeden da! Wer kommt mit mir? Hier! *(Er wirft die Flugblätter unters Volk, auch auf den Boden)* dass ihr wisst, was ihr tun müsst! (Volk: *leichtes Getümmel um die Flugblätter.)* DER MANN: Du willst sie preisgeben! NAUKE: Ich will sie retten! KLOTZ *(zum Volk):* Glaubt es nicht! Es ist nicht wahr! Ihr werdet betrogen! Sie lügen euch an. Nicht einmal das Essen, das sie euch versprechen, werden sie euch geben! Ich weiss es: Ihr rast in die Sklaverei! DER MANN: Ich beschwöre euch, haltet nur solang aus, bis ihr seht, dass die Bürger logen! NAUKE: Mit mir. Das Leiden ist aus! VOLK *(Jubelgeschrei):* Leben! (Nauke *ab.* Das Volk *um ihn, stürzt mit ihm hinaus.)*

ELFTE SZENE

Vorige ohne Nauke und das Volk

KLOTZ: Er führt sie zu den Bürgern. Nun ist der Augenblick. Jetzt darf unser Leben nichts mehr sein. Jetzt unsere Kraft ins Volk! DER MANN: Schnell, sie zurückhalten! KLOTZ: Wir können nicht mehr zurückhalten. Wir müssen die ganze Stadt umwerfen, sprengen! DER MANN: O, wenn

sie nur ein Wort verhandeln, ist es zu spät!
KLOTZ: Es darf nicht zu spät sein. Jeder einzelne
von ihnen muss eine Sekunde lang nur von sich
wieder wissen. Dann ist alles gewonnen.   DER
MANN: Unser Wille! Herauf!   KLOTZ: Millio-
nenfach müssen wir uns teilen, und jeder Blutstropfen von uns muss auf einen Menschen geschleu-
dert werden und ihm Freund sein. DER MANN:
Schnell, ihnen nach!
            (Klotz *und* der Mann *ab.*)

ZWÖLFTE SZENE
Die Frau

DIE FRAU *(allein):* Misstrauen. — Hunger. —
Die Luft um mich braust von Menschen, um-
krampft halten sie sich keuchend ineinanderge-
bissen im Kampf. Eine Höhle von Brausen ist um
mich. Schwarzer Wind von Nachtstimmen. —
Lärm, Schreie. Wie heraus? Zu den andern? —
Hört ihr mich? Kann ich euch ein Wort von mir
hinüber durch die Mauern werfen? Kann ich mich
tausendfach durch den Sturm zu euch hinwehen?
— Ah — hier ist eine Zunge, die für euch redet!
*(Sie hebt eines der Flugblätter, das Nauke zur Erde
fallen liess, auf.)* Papier, Gedrucktes.
Ein Aufruf — ah, und das hilft? Hilft das? Wissen
sie darnach, wohin sie gehen? *(Liest):* „Volk! Die
Stunde deines Glückes ist da! Nimm dir deine
Rechte. Nimm dir selbst die Freiheit, deren du
dich würdig fühlst." *(unterbricht sich im Lesen):*
In diesen Buchstaben, das Schwarze zwischen dem

Weissen, reckt sich dunkles Grinsen. — Betrug!
— Da müsste stehen: „Mensch!" „Mensch" —
dann hätte es mich gestossen, dann würde ich es
glauben! „Mensch, nimm dir selbst die Freiheit."
Ich seh es, ich sehe, was da steht — Betrug! *(liest):*
„. . . deinen Gegnern die Hand reichen   sie
sind nicht deine Gegner . . . Arbeit aufnehmen . .
Heute abend grosse Verteilung von Lebensmitteln.
. Zeichen der Versöhnung   der Kampf ist
beendet   ." *(sie knüllt den Zettel zusammen):* Betrug! Und ich bin inmitten, während hunderttausend Hände diese Blätter ergreifen. Diese Worte
stürzen in müde, widerstandslose Augen, Männer
sprechen sie zu Frauen, Frauen schreien sie als
Hoffnung weiter! O, nur helfen, helfen, dass ein
Wille mit Händen und brennenden Flammen über
dieses Papier hinsaust und die Lüge herausätzt,
eh sie die Adern der Menschen frisst! Mensch!
Mensch nimm dir selbst die Freiheit!
Mensch, du bist im Dunkel. Die Finsternis ist
deine Wohnung: Du öffnest den Mund heraus aus
deiner schwarzen Höhle, um nur zu fressen, und
du schluckst einen Tropfen Licht ein. Du ergiesst
dein Geschlecht in der bittersten Nacht, und ein
Flammenlicht streicht an dir vorbei! Mensch, dein
Geist fliegt im Licht! Ich rufe deinen Geist! Mensch,
ich rufe deine Liebe! Mensch, fahr aus dir auf!
Höre mich, Arbeiter! Du schlingst täglich, du
weisslich zitternder Wurzelbaum, deine Arme um
die Maschine; Arbeiter, Geist in dir, du bist Mensch!
Du presst dich täglich, wie ein kranker Zweig
über den Tisch, und rechnest; Mensch, lass deine

Bücher vor dir versinken! Du stehst täglich an
einem Pult und redest zu den Armen, Mensch,
hauche dein Licht in das Wort für die Brüder.
Männer, Frauen, Arbeiter, Verfolgte, Getriebene,
ihr im Dunkel, in den Fabriken, in den Stuben,
am Hunger kaum dass ihr euch besinnt, herauf
aus dem Dunkel. Ich rufe zu euch. Fliegt durch
das Licht. Ihr seid das Licht. Herauf gegen das
Dunkel. Brüder, Schwestern! Empörung gegen
das Dunkel! Empörung! Freiheit! Menschen! Freiheit! *(Sie stürzt nieder.)*

DREIZEHNTE SZENE
Die Frau / Der Mann

DER MANN *(tritt auf, von rechts):* Geliebte, meine
Seele, mein Leib, meine Freundin! Lass mich dich
halten, und fest an mich tun. Ich streichle dich.
Ich lege meinen Kopf auf dich und höre deinen
Atem. O sprich zu mir. Du bist mit mir mein ganzes
Leben gegangen, als ich aufgewacht bin. Du hast
den Kopf zurückgeworfen, und über die Menschen
geschaut, wenn ich schwach wurde. Du warst
trotzig, dein Trotz hat mich vorwärts getrieben,
wenn ich klein war. Du warst fest, ob du auch
krank und matt warst, wenn ich schwankte. Du
hast geglaubt, und ich habe geglaubt. Mein Lieb-
stes, mein Mensch, meine Schwester, meine Frau,
meine Kameradin! Jetzt drück dich an mich, jetzt
gib mir deine zärtliche Hand. Meine Stunde ist
da. Unsere Stunde ist da. Ich werde hin müssen,

mich aufgeben im Blut. Sterben. Ich weiss es. Nichts andres hilft mehr. Der Feind ist mitten unter uns. Mitten in der Stadt. Ich stosse überall auf ihn, ich kann ihn nicht greifen, er ist unsichtbar. Das ist nicht mehr Verrat! nicht mehr ein Einzelner ist abgefallen. Sie siegen! Sie zersetzen die Stadt; sie durchdringen die Leiber und die Willen und lähmen sie! Das ist Untergang. DIE FRAU: Mein Liebster. Das ist auch meine Stunde. Was tust du? DER MANN: Die Stadt oder ich! Und vielleicht, wenn ich mein Leben zersprenge, brechen sie auf mit mir, unsere Brüder von der Erweckung opfern sich ganz hin; und ich weiss, unser Atem wird in das Volk strömen, und sie alle zu freien Menschen emporbrennen! DIE FRAU: Du willst, und ich will!

VIERZEHNTE SZENE

Vorige / Der Kranke

Der kranke Schiffsgefangene *tritt aus der Versenkung auf.*

DER SCHIFFSGEFANGENE: Endlich finde ich euch. Aus dem Heer der Bürger schicken sie mich zu den Sternbrüdern. DER MANN: Du bist es? Du sahst uns am Schiff, wusstest du darnach nicht, dass wir nicht maklern und nicht verraten? Die Bürgerbotschaft ist unseren Ohren ein hohler Schall. Du warst in unsrer Gemeinschaft. Warum tratest du zu den Bürgern, den Feinden? DER SCHIFFS-

GEFANGENE: Ich trat nicht zu den Bürgern. Ich gehöre zu euch. Ich bin von den Kleinen, nichts an mir fiel den Misstrauischen auf. Ich bringe euch Gutes: Drüben die Armee der Feinde ist nicht mehr fest, die ist nicht mehr ein drohender Wald mit den zahllosen Stahlbäumen. Das Heer wird schwach. Tausende der Frauen aus dem Volk der Bürgerarmee rufen heute ihren Soldaten das Wort nach: „Menschen!" Die Männer recken die Fäuste zur Empörung, und man kann sie nicht mehr niederschlagen. Redner stehen plötzlich vor den Massen und rufen Hohn und Warnung über die Waffen. Das Heer der Bürger ist schwankend. Wir, die im stillen ihnen Zweifel einflüstern, haben Freunde. Ihr in der Stadt habt draussen Freunde. Hört mich: Sammelt alle Kraft, die ihr hier noch findet, macht einen Ausfall. Ein grosser Angriff von euch, der letzte Tag der Gewalt, und ihr habt den Sieg über die Bürger!
DER MANN: Du kamst als Freund. Aber du irrst: Wir bleiben.
DER SCHIFFSGEFANGENE: Ihr bleibt? Ihr seid zu schwach? Das meint ihr nur. Ich sag euch dies: Auch die schwächste Macht, wenn ihr sie jetzt entschlossen aus der Stadt vorwärts treibt, hat den Sieg über dies Heer. DER MANN: Wir bleiben.
DER SCHIFFSGEFANGENE (zur Frau): Hilf du mir. Die Frauen drüben sind nicht aufzuhalten in ihrem Ausbruch. DIE FRAU: Die Mauern fallen.
DER SCHIFFSGEFANGENE (zur Frau): Sie halten das Heer zurück. Ihr müsst sie bezwingen. Eifere du, dass eure Männer kämpfen. DIE FRAU:

Ich rief sie. Ich weiss, dass es andere Mächte gibt,
als den Sieg. Ich rufe nicht zum Kampf. DER
SCHIFFSGEFANGENE: Ihr wollt nicht kämpfen?
Dann kommt zu uns. Ruft die Brüder zusammen.
Alle müssen herüber zu uns. Verlasst die Stadt in
Verkleidungen durch den unterirdischen Gang.
Mischt euch unter das Volk, dringt ins Heer —
sendet Angst und Verzweiflung unter das Volk
drüben und in die Herzen der Soldaten. Ihr könnt
das. Macht, dass sie zerfallen, dass sie unterein-
ander sich morden. DER MANN: Nicht das ist
unser Wille. Wir bleiben. DER SCHIFFSGEFAN-
GENE: So hört mein letztes Wort, vom Freund, den
ihr brüderlich gerettet habt. Kommt, kommt! Und
sei es nur, um die Stadt zu verlassen. Wir ver-
stecken euch. Wir retten euch. Bei uns drüben
jenseits der Wälle und der Gräben, auf den wei-
ten Ländern, seid ihr gerettet. Hier, inmitten der
Tatenlosigkeit, findet ihr den gewissen Tod, mit-
sammen dem Tod der Stadt. DER MANN: Unsere
Tat ist anders als die der Faust. Unsere Tat ist:
Zu bleiben. DER SCHIFFSGEFANGENE: Ich
kenne nur eure Bruderliebe, ich weiss nicht, wie
stark ihr seid. Ich bin nur Einer aus den Vielen,
ich habe euch Bericht zu sagen. Mehr vermag ich
nicht. Aber dass ihr nicht kämpft, dass ihr bleibt,
ist euer Verderben! DIE FRAU: Geh zurück und
sag ihnen, dass wir nicht kämpfen. Sag es jedem,
der noch lebendig hört. Ich weiss: dies wird grösser
sein als eine Schlacht. DER MANN: Sag ihnen,
dass du uns den Tod gezeigt hast. Wir bleiben.

FÜNFZEHNTE SZENE
Vorige / Anna

ANNA *(tritt auf):* Freunde, es beginnt! Die ersten Fabriken stehen still! DER MANN: Endlich! *(Zum Schiffsgefangenen:)* Eile! Schnell du zu den Deinen. Ruf ihnen zu von uns: „Die Arbeit ruht!" Nehmt eure Hände von den Maschinen und streckt sie uns herüber! — Auf der ganzen Erde, bald, umarmen sich Brüder! — Nun mehr als je, bleiben wir. Es ist der letzte Feuergang: Hindurch!

Ende des dritten Aktes.

VIERTER AKT

ERSTE SZENE

Nauke / Der Führer der Bürger / Die drei
Bürger

Nauke *tritt auf. Mit ihm* der Führer der Bürger *und* drei andere Bürger.

NAUKE *(zu den Bürgern):* Ihr werdet es sehen,
ihr werdet es glauben! Ich sag es euch! Ich besitze
die grosse Macht, ich befehle dem Willen. Ihr seht
mir das nicht an? Ihr zweifelt an mir? Ihr haltet
mich für einen einfachen Mann? Ich sage euch,
ich kann es, ich hab es gelernt; ich weiss, wie
man's macht, ich war oft genug dabei auf unserer
Fahrt. Nur gut wollen, und man hat Jeden. Das
Volk? Ihr wollt, dass das Volk nachgibt, die Arbeit
aufnimmt, und dass sie milchzahm wie Kälber
hinter euch herlaufen!? Sofort. Ich streife mir die
Ärmel auf, ich rufe an, ich beschwöre — und eine
Minute später habt ihr's! DER FÜHRER DER
BÜRGER: Wir verstehen das nicht. Wenn du tun
kannst, wie du redest, wirst du belohnt. Aber es
ist das letzte Mal, dass wir auf dich hören. Wir
irren seit Stunden durch die Stadt, und wir wissen
nicht, warum wir nichts ausrichten. Wir haben
den Besitz, wir haben die Macht, wir haben die
Waffen, wir können alle zugrunde gehen lassen,

die Widerstand leisten, — und wir sehen nicht,
wohin. Der Widerstand rückt breiig weich zurück.
Wir sind am Ende. Jetzt, jetzt müssen wir siegen,
sonst haben wir ums Nichts gekämpft.

ZWEITE SZENE
Vorige / Der Mann / Die Frau
Der Mann *und die* Frau *treten unbemerkt auf.*

DER MANN *(im Hintergrund)*: Ah, — dort, die
Bürger! Endlich, endlich zu greifen! Endlich ihnen
gegenüber! NAUKE *(zu den Bürgern)*: Bürger,
ich helf euch, wie ich es versprach. Und nun bin
ich Gouverneur und Sohn des Geistes! *(Macht
wichtige Gebärden:)* Auf, Volk, höre mich! Ich befehle deinem Geiste! Hier stehe ich, ein Sohn des
Geistes, und ich gebiete dir mit meinem Willen!
(Wichtige Gebärden im Kreise. — Stille. —) Alles
bleibt still. Gutes Zeichen. — Auf, Volk, tu, was
ich dir sage und was ich will. Ich beschwöre dich
bei Totenkopf und gekreuzten Knochen: Folge
mir! Hier stehen deine Wohltäter! Sie sind reich,
und können dich beschenken, sie sind mächtig und
können dich in ihre Dienste nehmen, sie sind be-
waffnet und können dir das Leben lassen! Auf,
Volk, Geist des Volkes, gehorch ihnen, folge ihnen!
Erscheine, erscheine! DER MANN *(tritt hervor)*:
Schweig mit deinem Kram. NAUKE: Ich wusste
es! Gewonnen, sie kommen! Das ist der Wille.
DER MANN: Das ist nicht der Wille, das ist Miss-
verstand! Ein Verräter weiss nie das Ziel, das die
Herzen der Menschen emporreisst. Geh! was du

treibst, ist Jahrmarkt! FÜHRER DER BÜRGER: Wer bist du? Bist du zu packen? DER MANN: Ihr da, Bürger! Ihr steht in euren Masken, als wäret ihr erfundene Maschinen, um die Welt schauern zu lehren! Was ihr seid, wissen wir. Bomben tragt ihr auf dem Rücken, und wenn ihr sie gegen uns werft, springt nur diese Erde entzwei in ärmlichen Schutt und ewige Verwesung. Ihr könnt uns morden; ihr erstickt nicht den ewigen Menschen! FÜHRER DER BÜRGER: Bist du die Macht, die in der Stadt gegen uns wirkt, die wir nicht sehen und nicht finden können? DER MANN: Die Macht? Die Macht seid ihr! Ich bin die Machtlosigkeit! Wir sind die heilige Machtlosigkeit, in die ihr ohne Halt hineinstürzt, und je mehr ihr presst und mordet, um so mehr umhüllt euch unsere göttliche Machtlosigkeit und ihr gleitet eine glatte Schräge hinab in die Höhle, aus der ihr nicht mehr herausfindet! Wer seid ihr? Schlagt eure Masken zurück, die finsteren Masken, die ihr zum Schutz vor uns tragt! Herunter mit euren widerlichen Grauens-Masken, Bürger, dass man euch ins Gesicht sieht. Herunter! Und man sieht: aus eurer Furcht- und Schreckensrüstung quillt das ganz gewöhnliche, platte, niedrig fleischige Bürgergesicht!

DRITTE SZENE
Vorige
Es treten auf: Der Gouverneur, Klotz, Anna, Offizier, die beiden alten Gefangenen.

FÜHRER DER BÜRGER: Du sprichst als Feind. Ich weiss nicht, warum du feindlich bist, — was

wollt ihr? Wir verstehen es nicht. Wir wollen
eure Freundschaft. Wir wollen euch glücklich
machen! DER MANN: Ihr hört in uns nur den
Feind, weil ihr uns nicht versteht. Ihr versteht
uns nicht, weil ihr nicht wissen wollt, dass wir die
ewige Wahrheit des Lichts in alle Zukunft sind!
FÜHRER DER BÜRGER: Ah, nur ihr seid die
Wahrheit, und wir sind nichts. Ist das eure Gerechtigkeit? DER MANN: Die höchste Gerechtigkeit, göttliche Erden-Gerechtigkeit! Wir, die Söhne
der Erde, wir, das Volk, sind die Wahrheit. Und
ihr, nein, ihr seid es nicht, ihr seid die Gewalt,
und die Bestechung, und die Knebelung, und der
Verrat, und die Maske der Finsternis! FÜHRER
DER BÜRGER: Wir wollen euch glücklich machen.
Und euer Glück ist das nichts? DER MANN:
Nichts! Wir brauchen euer Glück 'nicht. Es gibt
kein Glück. Es gibt nur unser Leben, und unsere
Arbeit und unsere Schöpfung. Das Glück ist euer
Köder. Glück, das habt ihr erdacht, um uns zu
kaufen! FÜHRER DER BÜRGER: Nenn es kau-
fen — wir sagen Vertrag. DIE ANDEREN BÜR-
GER: Vertrag! FÜHRER DER BÜRGER: Fordert.
Wir geben euch. Wir machen euch reich und satt.
Wir geben euch Ämter und Wagen, wir zahlen
euch zu und geben euch Macht. DIE ANDEREN
BÜRGER: Ämter! Macht! DER MANN: Was
wollt ihr dafür? FÜHRER DER BÜRGER: Endlich, dieses Wort! — Wir wollen das Volk. Sprecht
zum Volk. Macht, dass es ist, wie es früher war,
wie es immer war! Dann hat es das Glück. DER
MANN: Wir dürfen nicht. FÜHRER DER BÜR-

105

GER: Dürft nicht? Ihr? Und seid doch die Führer!
DER MANN: Wir sind nicht die Führer. FÜHRER
DER BÜRGER: Ihr seid nicht die Führer? —
Dann — wo sind die Führer? DIE ANDEREN
BÜRGER: Eile. Die Führer!
DER MANN: Irgendwo gab es einmal Führer. Es
gibt keine Führer mehr. Wir sind Menschen. Wir
sind vom Volk. Ihr wollt uns kaufen? Ihr kauftet
nur Einzelne, Wesen, die absterben, wie ihr im
Moment, da ihr sie kauft. Nie werdet ihr das Volk
kaufen! FÜHRER DER BÜRGER: Und wenn ihr
die Führer nicht seid, wenn Führer nicht mehr
sind — was will das Volk? DER MANN: Das
Volk will leben. Leben miteinander. Freiheit. Neue
Völker zeugen. Die Erde, auf der wir stehen, zu
einem einzigen Leib machen, zum Leib des Himmels, der empfängt und gebiert, der seine Nahrung
strömt für alle, die er gebar. FÜHRER DER BÜR-
GER: Schwärmt. Aber wir haben die Macht.
DIE ANDEREN BÜRGER: Macht! DER MANN:
Ich schwärme nicht mehr. Die Wirklichkeit hat
begonnen — die Macht ist aus. Wir wollen die
Macht nicht, wir brauchen die Macht nicht mehr.
Eure Macht hat verloren. Wir, die Machtlosen,
wir, die nichts haben als unser Leben, unsern
Willen, unsre Hände, Millionen Menschenhände,
wir kneten schon an unserer neuen Erde — und
ihr droht uns die Macht? Ich zerblase eure Macht,
eure Rüstungen, eure schweren Fleischklumpen,
wir zerblasen eure Drohung! FÜHRER DER
BÜRGER: Das sind Fremde. DER MANN: Euch
ist jeder fremd, der die Zukunft schafft. Ihr seid

Einzelne, ihr wollt die ruchlose Macht für den
Einzelnen. Wir sind das Volk, wir wollen nur das
Leben.

FÜHRER DER BÜRGER: Feindschaft also? DER
MANN: Eure Feindschaft zerstört euch selbst.
Eure Feindschaft lebt nur noch bei euch; uns ist
sie vergangen, uns ist sie verweht und vergessen,
wie eure Giftgase, die einmal noch unsere Freunde
morden konnten, aber die dann in die Luft zer-
strömten und rück auf euch euer eigenes Gewissen
zerätzten. Ihr seid uns nicht mehr Gefahr. Wir
haben das neue künftige Leben uns selbst abzu-
kämpfen. Zurück mit euch in die Reihen eurer
Auflösung, hinab mit euch in die Dunkelheit eurer
Gewalt. Vernichtet seid ihr. Geht! DIE ANDE-
REN BÜRGER: Kampf! DER MANN: Zu spät!
(Die drei Bürger *tauchen in die Versenkung.*)
DIE FRAU, ANNA, GOUVERNEUR, KLOTZ,
OFFIZIER, DIE BEIDEN ALTEN GEFANGE-
NEN *(jubelnd):* Zu spät! FÜHRER DER BÜR-
GER *(zu Nauke):* Du vermochtest nichts. Prahlerei.
Du hast gelogen. Du hast uns betrogen! *(Zu den
Brüdern:)* Ihr kamt selbst vom Bürger — nun be-
kämpft ihr den Bürger! Aber hütet euch vor der
Stunde eures Lebens, wo ihr hinter den Kampf
blickt und erkennen werdet, dass der Sturz der
Bürger euer eigener Fall ist! DER MANN: Das
ist nicht Drohung, das ist Hoffnung! Geht eure
Vernichtung nur über unsern eignen Sturz? So
reissen wir unser Leben heraus aus dieser Welt!
FÜHRER DER BÜRGER: Die Zeit reisst ihr mit
den Wurzeln aus der Erde! DER MANN: Deine

Zeit ist verwest! Eine neue Ewigkeit beginnt!
FÜHRER DER BÜRGER: Ihr lehrt uns Gewaltlosigkeit — damit habt ihr alle Gewalt der Welt
gegen euch! Stirb in deiner neuen Ewigkeit! *(Den
andern Bürgern nach. Ab.* Nauke *bleibt.)*

VIERTE SZENE

Vorige ohne den Bürger und die drei Bürger

DER MANN: Die Gewalt gegen uns — die letzte
Gewalt! NAUKE *(hinter den Bürgern her):* Ich
verstehe nicht. Auf dem Schiff ist es immer gegangen. So bleibe doch, so höre doch. Ich versuch
es noch einmal — früher ist es doch immer ge-
glückt! — Er ist fort! Was ist denn das? Was
mach ich denn? Ich verstehe nicht! *(Erblickt die
Brüder.)* Ah, ihr! Sagt mir, wie kommt es, dass
ich's nicht traf? Ich fühlte, wie mein Wille an die
Luft prallte und zerbrach. Was geschah? Ich versteh nicht. Ich tat, was wir auf dem Schiffe taten,
und diesmal ging es nicht! Sagt mir! — DIE
FRAU: Uns fragst du? Du? Ein Verräter! NAUKE:
Ah — ja! Ich vergass! Ihr nennt mich Verräter.
Aber wenn ich tue wie ihr — ist es dann nicht
gleich, wozu? KLOTZ: Nein, es ist nicht gleich.
Du nahmst unsere Worte — aber ohne unser Ziel
sind sie tote Leichenhüllen — und dientest mit
ihnen den Feinden! Verräter! NAUKE: Verräter!
— Verräter! So leicht wird das gesagt. Verräter?
Aber ich verstehe nicht! DER GOUVERNEUR:
Was wir in Gemeinschaft tun müssen für alle, in
höchster Liebe und in der Hingabe des Herzens

108

und des Lebens, das tatest du allein, als Einzelner, aus Machtlust und Betrug. Um Lohn. Für die Gewalt! Darum Verräter! N A U K E: Ich verstehe nicht. Ich tat wie ihr. Wo ist der Betrug? *(Sieht auf die beiden alten Gefangenen)* Sind die beiden Alten mehr als ich? *(Sieht auf den Offizier)* Ist der Junge stärker als ich? *(Auf Anna)* Bei der lag ich — ist die grösser als ich? Ihr sagt, ich ein Verräter? Ah, es wird klar, ihr habt mich heimlich umstellt, ihr habt mich in eine Falle gelockt, um mich schwach zu machen, um mir mein Echo zu zerschneiden, um mich blosszustellen! Ich Betrug!? Ihr seid die Betrüger! Ihr habt vor mir gegaukelt und habt mich glauben lassen, auch ich könnte wie ihr. Betrüger! Verräter, Verräter — ihr! Feinde sagt ihr? Den Feinden dien ich? Den Bürgern? Und ihr? — ihr Lügner! Bürger seid ihr, ihr selbst! Bürger! Ausbeuter. *(Zum Mann:)* Du Du bist ein Bürgersöhnchen! *(Zu Klotz:)* Du bist ein Geheimredner und treibst Volksschacher! *(Zum Gouverneur:)* Du bist ein ehemaliger Gouverneur — das kannst du nie vergessen! Ihr habt mich verlockt, ihr habt mich betrogen, ihr habt mich um mein frohes Leben gebracht. Ich verfluche euch. Ich hasse euch! Ihr sollt es zahlen! Volk, Volk, hier sind deine Feinde, hier sind deine Ausbeuter, hier sind die Bürger. Die Betrüger. Die Verräter. *(Er stürzt hinaus. Von draussen:)* Volk, Volk! Greif die Betrüger!

FÜNFTE SZENE
Vorige ohne Nauke

ERSTER ALTER GEFANGENER: Einmal war er
ein Kamerad! DER MANN: Waren wir selbst nicht
damals in Verwesung, Grab, Irre? KLOTZ: Das
Gewesene ist abgefallen wie der alte Leib aus der
Vergangenheit. Heut sind wir sehnig. Nicht einmal Verzweiflung treibt uns heut mehr. Wir haben
die Gewissheit. Heut gilt es unser Letztes, unsern
Willen, und das höchste Wunder oder den Untergang! ERSTER ALTER GEFANGENER *(lau-
schend)*: Sie kommen. Das Volk. Sein Puls beginnt
zu schlagen!

SECHSTE SZENE
Vorige / Volk / Der junge Mensch

Einige vom Volk kommen: Ich friere heute. —
Ich arbeite nicht weiter. — Nein, ich rühre keine
Hand mehr! JUNGER MENSCH *(stürzt auf)*:
Eine Zeitung, ich will eine Zeitung haben! Ich
habe endlos lange keine Zeitung mehr gesehen!
Wer hat eine Zeitung? ERSTER ALTER GE-
FANGENER: Was soll jetzt eine Zeitung? JUNGER
MENSCH: O du begreifst nicht! Ich muss sehen,
was in der Welt vorgeht! ERSTER ALTER GE-
FANGENER: Hier unter euch geht am meisten vor!
JUNGER MENSCH: Wir wissen das nicht. Die
Gerüchte sausen wie die Wolken über unsere Köpfe
hin. Einige sagen, die Bürger sind mitten unter
uns und haben unsichtbar jeden Punkt der Stadt

besetzt, um uns alle niederzumachen. Dann heisst es wieder, wir hätten Beistand bekommen: eine Gemeinschaft von Männern und Frauen, die keiner kennt, seien da. Sie bringen Licht und Heizung und Essen, soviel man nur braucht — Brot! Und dann haben sie unendliche Mengen Munition und neue Waffen, mit denen man die grössten Heere niederschlägt. DER MANN: Brot, sagst du, hätten die Brüder. JUNGER MENSCH: Ja, die Brüder, das sind sie! GOUVERNEUR: Und Waffen? JUNGER MENSCH: Wüssten wir nur, wo wir zu ihnen stossen könnten, wir wären gerettet: Essen und Waffen! KLOTZ: Bist du sicher, dass ihr mit den Waffen über die Bürger siegen würdet? JUNGER MENSCH: Wir sind am Zusammenfall. Schlimmer wird es nicht.

SIEBENTE SZENE
Vorige / Greis / Volk

GREIS (*stürzt auf, mit ihm Volk*): Waffen! Waffen! Irgendwo sollen Waffen sein! Die Bürger sind in der Stadt. Um uns rückt die schwarze Mauer von Stahl und Gas heran und würgt uns zusammen! JUNGER MENSCH: Weisst du nicht, wo Waffen sind? Ich weiss es nicht!

ACHTE SZENE
Vorige / Das ganze Volk kommt / Junge / Alte / Der Bucklige / Der Krüppel

JUNGER MENSCH (*zum Volk*): Wir finden sie nicht. Es ist nur ein Gerücht. Die Brüder sind nicht da. GREIS: Es gibt keine Waffen. VOLK *(Wehgeschrei)*: Untergang! JUNGER MENSCH: Es gibt kein Brot! VOLK: Hungertod! STIMMEN AUS DEM VOLK: Alles zu Ende! DER BUCKLIGE: Es lohnt nichts mehr. Wir sterben doch. Verrecken vor Hunger oder werden erschlagen. DER KRÜPPEL: Dann sterben wir lustig! Die Weiber sollen lachen, da erstickt sich's leichter in der Lust! DIE FRAU: Der Zerfall ist im Volk. Bin ich das, bist du das, waren wir das? O armes, lebendes Geschwür, das verwesend von der Erde abblättert! Kann ich noch helfen? DER MANN: Verfaulung. Ganz tiefer Sturz — und ich sehe den Aufstieg. Wir können helfen. Neues Blut in sie. Unser Blut! *(Zu Klotz:)* Hilf auch du! *(Zum Volk:)* Freunde, heute feiern wir! KLOTZ: Alle Arbeit, Brüder, alle Arbeit liegt still! VOLK *(Gelächter. Plötzlicher Jubel. Drängt hin und her)*: Alle Arbeit still. — Wir feiern schon lang! JUNGER MENSCH: Sterben, und keine Freundschaft; ohne Freundschaft sterben müssen! EINE FRAU AUS DER MENGE: Ach, ich mag nicht mehr. Lasst mich. Genug. Ich will sterben. JUNGER MENSCH *(auf dem Boden, schwach)*: Ich kann nicht mehr. GREIS: Ich friere so. Wärme mich. VOLK *(wird schnell starr und schwach)*: Sterben? GREIS: Sterben. Alles ist hell und kalt wie Kristall! DER MANN *(zum Volk)*: Brüder! Haltet aus. Verzweifelt nicht! STIMME AUS DEM VOLK: Was willst du? DER MANN: Eure Rettung! DER BUCKLIGE: Wer spricht zu uns von Rettung? DER MANN: Die Brüder! DAS VOLK *(springt*

auf): Rettung! Brot! Waffen! Sieg! DER GOU-
VERNEUR: Ja, Sieg! Aber Sieg ohne Waffen!
DER BUCKLIGE: Ohne Waffen? DER GOUVER-
NEUR: Wir haben keine Waffen. DER KRÜP-
PEL: Ihr bringt uns Brot? KLOTZ: Wir haben
kein Brot! DER MANN: Wir bringen euch die
Kraft!

ACHTE SZENE
Vorige / Nauke

NAUKE *(stürzt auf):* Betrug! Da sind sie! Greift
sie! Nieder mit den Schwindlern. Schlagt sie
nieder, die Schufte, sie bringen euch Unglück, sie
bringen jedem Menschen Unglück! Schlagt sie
tot! Sie lügen euch an. Sie sind schuld, dass ihr
vor Hunger zu Grunde geht. Sie sind schuld, dass
ihr mit den Bürgern im Kampf seid. Ohne sie
hättet ihr Essen und ruhiges Leben! Die Bürger
sind über euch, ihr seid besiegt! Erschlagt die
falschen Brüder, das ist eure einzige Rettung vor
den Bürgern, sonst werdet ihr selbst niedergemacht.
DER MANN: Volk, hör mich! Die Bürger sind besiegt! NAUKE: Lüge, sie sind auf dem Marsch
gegen euch. DER MANN: Wir alle, ihr und wir,
sind stärker als alle Bürger der Welt! DER KRÜP-
PEL: Wem kann man glauben? DER BUCKLIGE:
„Wir"? Wer ist das — „wir"? KLOTZ: „Wir",
das sind wir alle hier, alle Völker der Erde, alle,
die arbeiten, denken, leben wollen!
NAUKE: Spion! Agent! STIMMEN AUS DEM
VOLK: Zurücknehmen! Nimm das zurück! Be-

weis! NAUKE *(holt zum Reden aus):* Volk! Helden! STIMMEN AUS DEM VOLK: Es gibt keine Helden! Nieder mit dem Kerl! Nimm das Wort zurück! ANDERE STIMMEN: Nieder mit dem Kerl! Seine Worte lügen uns an! DIE FRAU: Er ist euer Verräter! ANNA: Er hat die Bürger in die Stadt geführt! NAUKE: Sie brachten euch Essen! VOLK: Essen! KLOTZ: Lüge! Lüge! Sie brachten euch nichts, ihr habt es erfahren — nichts! Ihr hungert, weil sie es wollten! NAUKE: Volk, Sieger VOLK: Wir sind nicht Sieger. Er lügt. Nieder!

DER GOUVERNEUR: Lasst ihn! Er ist nur schwach und zweifelnd! Wir sind die Schuldigen, wir die Söhne der Erde, wir die Sternbrüder, wir die Erweckten. Opfert uns — so werdet ihr den Sieg haben! JUNGER MENSCH: Seid ihr die Retter? DER GOUVERNEUR: Wir haben keine Waffen. Wir haben kein Brot! JUNGER MENSCH: Wie retten wir uns? DER GOUVERNEUR: Noch schweben wir zu fern von euch. Nehmt uns: erschlagt uns, wenn ihr wollt. Tötet uns, wenn ihr sehen müsst, wie unsere Seele in euch lebt: Die Menschheit! Schluckt uns auf. Lasst uns verschwinden unter euren Füssen und Fäusten — und ihr habt unsere Waffen. JUNGER MENSCH: Eure Waffen? KLOTZ: Unsern Willen. DER MANN: Unser Denken, unsre Arbeit: Euer Brot! DIE FRAU *(stürzt dazwischen, zu den Brüdern):* Nein! Nein! Zu viel! Haltet zurück. Nicht das Opfer! Noch lebt ihr, Freunde. Wir sind gemeinsam durch die Schrecken der Welt gegangen, und nun sollt ihr sterben! Dies eine Mal lasst euer Denken nicht den Schritt zur Wirklichkeit machen. Bleibt! Es ist zu grauenhaft auf dieser letzten Schwelle! DER MANN: Nein, Frau, wir bleiben nicht zurück. Unser Weg kostet unser Leben. DIE FRAU: Und deine Schöpfung? Ist sie, wenn du stirbst? DER MANN: Sie wird erst, wenn ich nichts mehr vor ihr bin! DIE FRAU: Sterben — Opfer? Wenn nichts anderes herrscht, dann ist die Erde eine Wüste! DER MANN: Nein, das neue Morgenreich! Nur zu wollen brauchen wir und zu tun! DER GOUVERNEUR: Ich hab das Wort gesprochen: Opferung. Ich sprach das Gesetz aus. Nun war ich wieder ein Tier, wie ehemals. Gab Gesetze. Ungeläutert immer noch. Das war Sünde, wenn auch zur Rettung. Das letzte Mal, es bleibt nichts anderes. Wir müssen hinab.

NAUKE *(zum Volk):* Seht ihr, wie sie beraten? Seht da den Feind — fort müssen sie! Hört auf mich! Sie helfen euch nicht, wenn sie leben. Es sind Fremde! Sie sprechen eine andere Sprache als ihr. Ihr seht die Feinde nicht? Hört ihre Sprache, seht ihre Gestalt! DAS VOLK: Sie sprechen eine andere Sprache. Sie sind Fremde. KLOTZ: Volk, du zögerst. Glaube uns dies letzte Wort, dass wir nicht Schonung brauchen. STIMMEN AUS DEM VOLK: Geht! Verlasst die Stadt! DER MANN: Und euer Kampf? Ihr wollt unterliegen? Die Bürger fallen über euch her und schlagen euch zu wehrlosen Sklaven! DAS VOLK: Die Bürger?!

DER GOUVERNEUR. Wer seid ihr? Denkt, wer

ihr wart vor eurer Geburt! Taucht hinab in euch — kommt über uns, weil wir euch fremd sind, und blickt in euch selbst: Da — einmal wusstet ihr, dass die Erde euch gehört, das Feld, die Fabrik euch, wie euer eigener Arm! Vergessen habt ihr. Habt euch heut hinübergehungert über den letzten Verfall. Seid im Greisenalter. Hinein müsst ihr in neue Jugend, hören wieder die Schilfgräser summen an eurem Fluss. Hinab tauchen müsst ihr in euch. Hinaus springen über uns, ohne Dienerscheu; nie sonst werdet ihr befreit von eurer schielenden Zweideutigkeit. Volk, deine Gewissheit und deine Kraft geht über uns! Dann habt ihr Kraft über die Bürger. VOLK *(in grosser Angst)*: Die Bürger! NAUKE: Was habt ihr Angst vor den Bürgern, die ihr nicht seht? Die hier sind gegen euch! Ihr flieht vor den Bürgern? Das da sind eure Bürger! KLOTZ: Volk, wir sind es, wir. Ihr wartet auf die Gewalt? Übt sie an uns! Ihr hungert? Fort mit unseren Mäulern! Ihr meint noch, wir seien euch Führer? Wollt ihr wissen, wer wir sind? Ich sag euch alles, das Verruchteste! Heut Nacht hat ich einen Traum — ich bin nur einer von uns — und ich träumte unsere Wahrheit, denn der Traum schob die Riegel fort von meiner Verstellung. Da war in einem Saal mit glattem, weitem Boden ein Befehlsmensch, ein Blutherrscher. Ich stand gekrümmt vor ihm. Was ich dabei dachte? Ich dachte an das Ehrenregiment, das mir verliehen wurde. „Hol mir ein Auto!" rief der Herrscher. Ich fand mich sehr geehrt und lief unterwürfig hinaus wie ein Diener. Ich hätt es geholt, da erwachte ich. Das bin ich, das sind wir. Hab ich nach diesem Traum noch das Recht für die Menschen zu arbeiten? STIMMEN AUS DEM VOLK: Verräterei! Sie verkaufen uns an die Herrscher! Nein, tut ihnen nichts, es ist nur ein Traum! KLOTZ: Nur ein Traum? Aber das Schlimmste wisst ihr noch nicht. Jetzt zeig ich es euch. *(Er ballt die Hände hohl übereinander und streckt sie vor, als enthielten sie etwas.)* Wisst ihr, was ich in meinen Händen bewahre? Hier? Orden, Auszeichnungen, Dokumente, Freundschaftsbriefe und Pläne feindlicher Herrscher! (Das Volk *in wütender Unruhe.)* DER MANN *(leise zu Klotz):* Was hast du in den Händen? KLOTZ *(leise zum Mann):* Du weisst es — nichts! *(Laut zum Volk:)* Volk, so werf ich diese Schätze von Ehre und Reichtum unter dich! Verachte sie, sie sind deine grösste Gefahr! *(Er macht mit beiden Händen eine weite Wurfbewegung über die Köpfe des Volkes hin. Das Volk blickt in die Höhe und streckt alle Hände fangbereit hoch.)* DIE EINE GRUPPE DES VOLKES: Gefahr, er verkauft uns! Niedertracht! DIE ANDERE GRUPPE DES VOLKES: Wo ist es? Wer hat etwas bekommen? Hast du's gefangen? DAS GANZE VOLK. Es ist nichts da! *(Wutgebrüll:)* Lüge!

NAUKE *(schrill):* Sie haben gemacht, dass ihr hungert! STIMMEN AUS DEM VOLK: Wer sind sie? Fremde. Lügner. Verräter. Sie wissen nichts von uns. Sie mässten sich an uns. DER BUCKLIGE: Seht ihre Sitten! DER KRÜPPEL: Seht ihre unverschämte Leichtigkeit. NAUKE: Volk, sie haben verhindert, dass ihr Essen findet! Sie sind am Fortzug unserer Retter schuld. Sie haben die Bürger besiegt. *(Im Volk anschwellender Lärm.)* DER GOUVERNEUR *(über dem Lärm)*: Nicht besiegt. Wir siegen nicht. Es gibt keinen Sieg! Hinaus mit dem Sieg aus der Welt! Wir sind nicht Soldaten, wir sind Menschen! Nicht Sieg befreit euch — nur eure Erkenntnis! VOLK *(anschwellend)*: Tod!

NEUNTE SZENE

Die Volksmenge *stürzt sich auf* den Mann, Klotz, den Gouverneur *und zerrt sie in ihre Mitte*

ANNA *(hervorbrechend)*: Wie sie geschlachtet werden! Ich ertrag es nicht länger, dieses Opfern! Ich bin bei euch. Ich will mit euch sterben! DIE FRAU: Befreiung! Warum bleiben wir so still? Wir befreien sie! ERSTER GEFANGENER: Wir sind zu wenige! DIE FRAU: Dann sterben wir mit ihnen. ANNA, DIE FRAU, DIE BEIDEN GEFANGENEN, DER OFFIZIER: Brüder, wir sterben mit euch! *(Wollen zu den Gefangenen.)* KLOTZ *(aus dem Haufen)*: Nein, bleibt! Ihr müsst leben! Dazu ist unser Opfer, dass ihr unter alles Volk der Erde geht und die Hingabe lehrt für die Menschheit! JUNGER MENSCH: O, Strom in mir! Wussten wir das je? Durch uns rinnt Willen! DER MANN *(zum Volk)*: Noch einen letzten Schritt, dann bin ich geworden wie ihr. Nun werdet ihr wie ich! VOLK: Hohn! Er höhnt uns! *(Dem Mann werden die Hände gebunden.)*

DER GOUVERNEUR *(zum Mann)*: Das ist deine Sünde, auch wenn du recht hast. Dein letzter Hochmut! DER MANN *(mit gebundenen Händen)*: Ich habe Todesangst. Aber ich sterbe für euch. Aus Jahrtausenden fiel ein Funke in mich, ich warf ihn weiter — lasst ihn brennen in euch! DAS VOLK *(plötzliche Angst)*: Kein Blut mehr, Brüder! *(Zu den Brüdern:)* Ein Wunder, tut doch ein Wunder mit eurem Willen! DER GOUVERNEUR: Es muss sein. Das Wunder, Volk, und der Wille sind nicht mehr bei uns, jetzt sind sie bei euch. GREIS: Bei uns ist das Wunder? Dann müssen wir nicht sterben, dann können wir leben? DER MANN: Volk, du hast uns bezwungen, nun feire dein Fest. KLOTZ: Weltfeiertag! Volk, du bist frei. In allen Ländern ruht die Arbeit. Nun atme neue Kraft für morgen! DER GOUVERNEUR: Weltfeiertag! Weltfreudentag! Unser Opfer — dein Spiel zum Fest! Jetzt spring und tanze! *(Über die Menge hin:)* Unser Opfer — darnach wachst du auf zur reinen Morgenkraft! JUNGER MENSCH: Weltfeiertag! VOLK *(in Bewegung)*: Weltruhetag! *(Von hier an im Volk anschwellende Rausch-Bewegung.)* JUNGER MENSCH *(in halbliegender Stellung auf dem Boden)*: Weltfeiertag! Ich feire! Weltruhetag! Meine Hände spielen. O wie lang war das nicht. Endlich seh ich wieder um mich die Halme wachsen; hoch über den weissen Wolken schwebt blauer Luftglanz! Weltfeiertag! O Freundschaft, Freundschaft zu allen Menschen! VOLK: Weltfeiertag! *(Es erhebt sich ein orgiastischer Taumel. Sie dringen immer wilder aufeinander ein, bedrohen sich, umhalsen sich, stossen, schieben sich, fallen durcheinander.)* NAUKE *(mitten anfeuernd zwischen dem immer toller bewegten Volk):* Zu trinken! GREIS: Es gibt nichts zu trinken! NAUKE: Dann unser Vergnügen, dann unser Spiel! Die Opferung — ihr vergesst! Die Opferung, sie haben es selbst gewollt! Die Opferung, es ist versprochen! DER BUCKLIGE: Die Hinrichtung! Haben wir nichts zu essen — so wollen wir was zu schauen haben! DAS VOLK *(die Orgie schwillt immer mehr an):* Ja, ja! Die Hinrichtung! KLOTZ: Volk, du erkennst deine Kraft! DER MANN: Volk, dein neues Leben beginnt! Die letzte Gewalt gegen uns! DER GOUVERNEUR: Volk, nun brauchst du nicht Führer mehr. Wir treten ab. Zum letzten Mal von mir dieses Wort des Befehls: Zerstör und schaffe! VOLK: Nieder mit den Führern! Wir haben selbst die Kraft! *(Das ganze Volk stürzt sich auf die Drei.)*

ZEHNTE SZENE

Trommelwirbel. Das Volk *umgibt* den Mann, Klotz, den Gouverneur *und schlägt auf sie.*

VOLK: Sie fallen. — Sie sind tot. JUNGER MENSCH: Tot! — Meine Brüder! — tot! DER BUCKLIGE: Wo sind sie? Ich seh sie nicht mehr! *Die Drei* (der Mann, Klotz, der Gouverneur) *sind unter den Fäusten der Menge verschwunden. Das Volk reisst ihnen die Kleider vom Leibe, schlägt auf die leeren Kleider weiter los und drängt die*

Drei zur Bühne hinaus. DER KRÜPPEL: Sie
sind verschwunden! GREIS: Was macht ihr?
Schaut doch! Halt! Ihr Verblendeten! Ihr schlagt
los auf leere Kleider und Fetzen! *(Die Orgie des
Volkes nimmt schnell ab.)* JUNGER MENSCH: Wo
sind sie? tot? Ich sehe nichts! DAS VOLK *(hält
voll Grauen die leeren Röcke, auf die es einge-
schlagen hat. Mächtiger Aufschrei des Entsetzens):*
Ah! Gewalt! — NAUKE. Schnell die Taschen
durchsuchen, ob Geld drin ist! *(Er greift in die
Taschen der leeren Röcke, holt mit beiden Händen
Geld heraus.)* Aha; endlich — meine Zukunft ist
gesichert! *(Läuft ab.)* ERSTER ALTER GEFAN-
GENER *(hinter ihm):* Du Lump, was tust du? Du
Dieb! O du Dummkopf — es gibt ja morgen gar
kein Geld mehr! VOLK: Gewalt! — Wir sind
verloren! Das Ende!

ELFTE SZENE
Vorige ohne den Mann, Klotz, den Gouverneur, Nauke

DER JUNGE MENSCH: Mord! Mord! Ihr habt
sie erschlagen. Ein Weltgemetzel ist geschehen.
Rache! Rache für die Führer. Rache für den Mord!
STIMMEN AUS DER MENGE: Mord! — Rache
für den Mord! DER KRÜPPEL: Wir sind unschuldig, sie haben es selbst gewollt! DER BUCK-
LIGE: Aufruhr! Hilfe, schlagt sie nieder. Nieder
mit den Aufrührern! ZWEITER GEFANGENER:
Kinder und Weiber erschlagt ihr. Mörder ihr, aber
ihr könnt den Menschen nicht töten! DER JUNGE

MENSCH: Rache! Nieder mit den Mördern! Tot
sind sie, tot die Führer! ZWEITER GEFANGE-
NER: Mehr als Rache! Sie liessen uns Höheres:
Aus ihren zerfetzten Hüllen erbebt sich die Mensch-
heit! ERSTER WÄCHTER: Die Führer sind tot.
Aber spür in deiner Hingabe ihren Geist: ewig
lebend unter uns handelt ihr unsterblicher Wille!
DER JUNGE MENSCH: Tot, tot die Grossen!
ERSTER GEFANGENER: Sie starben für uns.
Wir Kleinen leben. In uns Kleinen leben sie weiter!
Die Zeit der Kleinen ist gekommen. ERSTER
WÄCHTER: Millionen Leben beginnen. Das Volk
— zum erstenmal das Volk! Das Wunder kam
über die Welt! ZWEITER GEFANGENER:
Nicht das Wunder — die Tat! Wir sind nicht
mehr die Kleinen. Wir sind aus dem Dunkel ans
Licht gestiegen — die Kameraden unter allen
Völkern der Erde. — Nun rücken die Mächtigen
der Welt zum Kampf gegen uns, wie gegen den
furchtbarsten Feind! DER JUNGE MENSCH:
Mit euch! Meine Arbeit beginnt!

ZWÖLFTE SZENE
Vorige / Die drei Revolutionärinnen
eilen auf

ERSTE REVOLUTIONÄRIN: Ein Wunder ist
geschehen! ZWEITE REVOLUTIONÄRIN: Das
Glück ist da! DRITTE REVOLUTIONÄRIN: Die
Freiheit kommt! JUNGER MENSCH: Wisst ihr
nicht, dass hier Mord wütet? — Glück? was ist
das? Wir kennen nur noch die Zukunft und un-

seren Willen! ERSTE REVOLUTIONÄRIN: Sie reissen die Wälle um die Stadt nieder! ZWEITE REVOLUTIONÄRIN: Sie schütten die Gräben zu! DRITTE REVOLUTIONÄRIN: Die Menschen stürzen aus der Stadt durch die Felder und rufen allem Volk „Freiheit" und „Brüderschaft" zu! ZWEITE REVOLUTIONÄRIN: Funkenblitze sind hinübergesandt zu uns, und Boten kommen: in allen Ländern der Erde grüsst sich das Volk! ERSTE REVOLUTIONÄRIN: Rauch steigt wieder aus den Häusern. DRITTE REVOLU- TIONÄRIN: Aus den Wäldern kommen unend- liche Scharen von Fremden, dicht wie Laub. Sie schwenken unsere Fahnen, und wo die Unsrigen ihnen begegnen, umarmen sie einander! ERSTE REVOLUTIONÄRIN: Hört ihr? Hört ihr über uns, um uns, hoch das Summen? Die Telegraphen strömen unsere Botschaft zu allen Freunden um die Erde! OFFIZIER: Wir sind von euch. Ihr seid wir. Wir sind Volk. Alle kräftigen Arme her: Wir wollen arbeiten! Als freie Menschen arbeiten! ERSTER GEFANGENER: Alle kräftigen Arme her: Wir backen Brot! DAS VOLK: Wir! Kameraden! Freiheit! Leben! (Der zweite Gefangene, die drei Revolutionärinnen *und* das Volk *ab*.)

DREIZEHNTE SZENE

Vorige ohne den zweiten Gefangenen, die drei Revolutionärinnen und das Volk

DER JUNGE MENSCH: Ihr backt Brot? Werdet glücklich? Zeugt Kinder, habt Familien? Dafür

starben die Brüder? — Ihr wollt die Erde um-
wuchern mit eurem Arbeitssamen. — Ich muss
euch stören! Heraus aus der Ruhe eures Lebens,
noch eh sie beginnt! Nieder mit eurem dicken
Glück! — Zur Freiheit, zur Ewigkeit! OFFIZIER:
Wohin in die Ewigkeit? JUNGER MENSCH:
Zur neuen Schöpfung! DAS VOLK *(unsichtbar,
Rufe)*: Brot! Brot! ERSTER GEFANGENER:
Einen einzigen Laib Brot backen mit Freude —
darin strömt für uns Menschen alle Schöpfung zusammen! DER JUNGE MENSCH: O Bruder, in
jedem Stück Eisen, das ihr aus der Erde holt, in
jedem Fetzen Leder, das Kameraden wissend damit schneiden, holt ihr ein Stück von eurem
Morgenreich zu euch. Aber immer muss neue
Bitternis sein. Immer müssen Menschen jagen über
die ganze Welt, die euch treiben, dass ihr nicht
vergesst ewig aufs neue den Sprung zum Morgenreich zu wagen! OFFIZIER: Wiedergeburt des
Menschen! DER JUNGE MENSCH: Mehr! Alles.
Das Höchste! Neugeburt! Neugeburt der Erde!
Neugeburt der ganzen Welt! DER ERSTE GE-
FANGENE: Wir Arbeiter der Welt — die Arbeit
beginnt! *(Ab.)*

VIERZEHNTE SZENE

Vorige ohne den ersten Gefangenen

DIE FRAU: Zu Ende diese Welt. Ermordet mein
Blut. Tot mein Weg! — Und ich half nicht. Ich
stand dabei! — Ich lebe noch! — Die Glieder

dorren schlaff an meinem Leib. — Versunken sind
die Häuser. Hier ist Wald; dunkler Wald rings.
Meine Haare wehen um die Stämme, dass ich
weiss: hier endet mein Leben. — Ich gehe von
euch. DER OFFIZIER: Ich bin mit dir. DIE
FRAU: O täusche dich nicht. Was du an mir sahst,
ist zu Ende. Ich bin über alle Stufen des dunkelsten Lebens geschritten, nun werde ich vergessen,
was ich wusste, und in das zweite Leben sinken.
Ihr seid höher als ich. Vergesst mich. Ich bin
euch verschwunden. DER OFFIZIER· Ich bin
nicht höher. Ich warf meine Gewalt hin. Ich bin
nur ein einfacher Mensch noch. Ich lebe mit dir.
DIE FRAU: Wölfin bin ich geworden. Lasst mich
allein. Die Wölfin beisst. DER OFFIZIER: Mit
dir bleibe ich allein. Mit dir grabe ich die Erde.
Mit dir in der Arbeit der Hände weiss ich nichts
mehr von den Strömen der Vergangenheit. Auf
der harten Erde, schaffen wir von Jahreszeit zu
Jahreszeit. Auf engem Raum, fern von grossen
Stunden. Klein und unscheinbar sind wir geworden. Vergessen vom Morgenreich, an dem wir
schufen. DIE FRAU: Ein einfacher Mensch. Die
grosse Hölle ist vorüber. Alle Menschen sehen den
Stern. Komm zu mir, du Vergessensein! DER
JUNGE MENSCH *(zum Offizier)*: Bauer wirst du
sein. Still sitzen. Vergangenheit brüten; die Welt
zurückhalten! Hindern! — Und also — sind wir
Gegner? DER OFFIZIER: Nicht Gegner! — Morgen leben andere an meiner Statt. Ich bin nur ein
Geringer. Ich will vergessen sein in meiner Arbeit
für euch. (Die Frau *und* der Offizier *ab*.)

FÜNFZEHNTE SZENE
Der junge Mensch und Anna

ANNA: Ah — niemals vergessen! Nie vergessen Trümmerwut und Mord! — Neue Menschheit, du hebst dein Morgengesicht aus dem Dunkel. Wissend seid ihr: Verbrannt und neu gezeugt im Blut. — Eure Kraft treibt mich weiter. Ich gehe. DER JUNGE MENSCH: Mit uns! ANNA: Ein Zeitalter ist zu Ende. DER JUNGE MENSCH: Ich bin am Anfang. In dieser Stunde bin ich geboren. ANNA: Du hast die Welt um dich. Aber wo bleibt mein Leben? DER JUNGE MENSCH: Komm, dein Leben beginnt heute neu. Wir sind Kameraden. Und spür ich auch nie mehr deinen Arm um meinen Hals, wir müssen weiter! Unser Weg geht noch durch viele Länder.

Ende

Druck von Mänicke und Jahn in Rudolstadt